LES GRANDS ARCANES
DE L'HERMÉTISME OCCIDENTAL

Du même auteur

Poésie ouverte, Poésie fermée, Cahiers du Sud, Marseille, 1947.
L'Amour et les mythes du cœur, Paris, Hachette, 1975.
Le Languedoc et le Comté de Foix, le Roussillon, Paris, Gallimard, 1958.
Écritures cathares, Paris, Denoël, 1959.
Les Troubadours (en collaboration avec R. Lavaud), Desclée de Brower, 2 vol, 1960.
L'Érotique des troubadours, Paris, U.G.E., 1974.
Le Musée du catharisme, Toulouse, Privat, 1966.
Le Phénomène cathare, Toulouse, Privat, 1988.
Dictionnaire des hérésies méridionales, Toulouse, Privat, 1968.
La Vie quotidienne des cathares du Languedoc au XIIIe siècle, Paris, Hachette, 1989.
Journal spirituel d'un cathare d'aujourd'hui, Paris, Resma, 1970.
Érotique et Civilisations, Paris, Weber, 1972.
La Philosophie du catharisme : le dualisme radical au XIIIe siècle, Paris, Payot, 1975.
Joë Bousquet, sa vie, son œuvre, Paris, Albin Michel, 1975.
Écrivains anticonformistes du Moyen Age occitan, 2 vol., Paris, Phébus, 1977.
Histoire secrète du Languedoc, Paris, Albin Michel, 1978.
Raimon de Miraval : Du jeu subtil à l'amour fou, Verdier, 1979.
Troubadours et Trouvères, Paris, Hachette-Massin, 1979.
Le Roman de Raimon de Miraval, Paris, Albin Michel, 1986.

RENÉ NELLI

LES GRANDS ARCANES
DE L'HERMÉTISME OCCIDENTAL

GNOSE
Éditions du Rocher
Jean-Paul Bertrand
Éditeur

Tous droits de traduction, de reproduction et d'adaptation
réservés pour tous pays.

© Éditions du Rocher, 1991

ISBN 2 268 011 72 0

SOMMAIRE

Avant-propos : Ésotérisme et destin 9

1. Du destin ou la morphologie du fatidique — 21
2. Du principe du mal ou de diabolo 51
3. Le mal et le châtiment (Livre d'Énoch) — 63
4. La conscience du néant 67
5. La terre 71
6. La douleur 77
7. Homo 81
8. Que l'humanité est un seul homme 87
9. Faire du mal à autrui c'est faire du mal à soi-même 97
10. Cartulaire du pharisien 99
11. Mythologies sans cœur 105
12. Imaginaire et sur-temporalité 117
13. Éloge du manichéisme. Hasard et anti-hasard 155
14. Moi mon hôte 169
15. Notes sur la poésie 195
16. La maison hantée ou de la magie 225
17. L'Apocalypse ou de la prophétie 239

Avant-Propos

Ésotérisme et destin

Y a-t-il place dans la pensée d'aujourd'hui et dans la société contemporaine pour des conceptions et surtout pour une attitude d'esprit « ésotérique » ? Telle est la question à laquelle nous devons répondre en peu de mots. Esotérisme s'oppose à exotérisme, ce qui sous-entend que la connaissance est toujours à deux degrés, l'un, élémentaire et superficiel, offert aux profanes, l'autre, *de qualité différente*, englobant et dépassant le premier, réservé aux seuls « initiés ». Il va sans dire que la science et la philosophie de notre temps, reposant sur la raison et l'expérience, n'admettent point cette dualité ; ni dans le sujet connaissant, ni dans l'objet connu. La science est, certes, difficile, exige de longs efforts et même, si l'on veut, une « initiation » (sans mystère « initial »), mais elle n'est pas et ne peut pas être ésotérique : tout bon esprit, pourvu qu'il y consacre le temps et le travail qu'il faut, doit avoir accès à ses plus hauts secrets. Toutes les propositions scientifiques sont, en droit, rationnelles et intelligibles et l'esprit auquel on les expose n'a pas besoin de passer à un plan ontique supérieur pour les comprendre, même quand elles sont très abstruses.

Il en va de même de l'art, bien qu'on appelle parfois — fort improprement — « ésotérique » une poésie qui ne l'est nullement en essence. La poésie est obscure pour la raison, comme la musique et les autres arts, et *elle doit l'être*. Mais en tant qu'elle est de l'imaginaire s'adressant à l'imagination, elle est directement saisissable sur son propre plan. Elle n'est « hermétique » (encore un mot employé improprement) que dans la mesure où les images, les symboles *paraissent* pouvoir être développés à l'infini. Encore cette impression indéfinie est-elle communiquée — si l'on a affaire à de la poésie authentique — dans une seule intuition, et immédiatement, dans l'euphorie esthétique.

En vérité, il n'y a d'ésotérisme que dans le domaine de la connaissance métaphysique, les seules œuvres d'art qui puissent être qualifiées d'ésotériques — *Le Serpent vert* de Goethe, par exemple — ajoutent à leur contenu esthétique une signification philosophique, mais relativement claire et distincte : elles ne sont ésotériques que par accident. L'ésotérisme est toujours une sorte de philosophie première. Mais alors, dira-t-on, pourquoi ne se confond-il pas, purement et simplement, avec la métaphysique des philosophes ? Parce qu'il prétend s'appuyer sur d'autres moyens de connaître que ceux de la science et de la philosophie, et même *développer ces moyens au fur et à mesure qu'il connaît*. Il s'ensuit que le plan de l'ésotérisme, tout en étant le même que celui où s'exerce la connaissance scientifique, le dépasse. Le sujet conscient, en se développant, dégage *ipso facto* de l'objet tel que le voit le savant, un autre objet pourvu d'une réalité seconde (et plus « profonde »). (Il est exact, analogiquement, que le peintre et le poète ne voient pas tout à fait le même arbre que le marchand de bois.)

Ces procédés ou moyens de connaissance sont à peu près les mêmes — en substance — dans tous les ésotérismes orientaux et occidentaux. L'ésotérisme chrétien — celui que quelques esprits religieux essaient aujourd'hui de ressusciter ou de constituer — le kabbalisme juif ; l'hindouisme — celui des *Vedantas* que René Guénon a mis au goût occidental plus sérieusement que ne l'ont fait, de leur côté, les théosophes — les doctrines secrètes de la francmaçonnerie ; celles, moins authentiques, de la prétendue Rose-Croix ; la science spirituelle et l'anthroposophie de Rudolf Steiner ; etc..., toutes ces « gnoses » s'accordent sur l'obligation faite à l'homme de développer en lui une connaissance supérieure, vraiment spirituelle. Rappelons brièvement que, selon leurs docteurs, cette connaissance dépend :
— de la Révélation divine ou d'une initiation individuelle ;
— d'une valeur particulière, concrète, attribuée à la Tradition ;
— d'une transformation subie par le sujet, qui le fait passer à un niveau ontique supérieur ;
— de ce fait — hypothétique ? — que révélation, initiation, techniques de purification intérieure, développent les pouvoirs secrets de l'homme et

garantissent, *post mortem*, son salut ou sa libération.

Nous ne pensons pas que l'esprit moderne puisse s'accommoder facilement de telles conceptions, que la science ne peut — ni ne veut — vérifier. (Peut-être, nous le voulons bien, parce qu'elles sont invérifiables.) La science ne saurait admettre, sans se nier elle-même, que le sujet doive subir un perfectionnement moral pour affirmer la valeur de sa connaissance : elle se veut objective et traite, le plus qu'il lui est possible, *la conscience comme un objet*. Ajoutons que peu d'hommes, à notre époque se préoccupent vraiment de leur salut. Restent en cause les pouvoirs supra-normaux de l'homme. Il n'y a plus que les ignorants pour nier aujourd'hui qu'ils existent. Mais s'ils existent, ils doivent tomber automatiquement dans le domaine de la science : on sait qu'il s'est constitué une parapsychologie... Voilà donc la sphère de l'ésotérisme étrangement réduite. Réduite à ne plus servir de prétexte qu'à une anti-science. En effet, il n'y a de science, depuis Aristote, que du général ; l'ésotérisme, lui, se veut connaissance du particulier en tant que tel, du Moi « unique », du destin individuel. Il n'y a de science que des phénomènes qui peuvent être *répétés* ; l'ésotérisme ne s'intéresse qu'à ce qui est situé dans le temps et ne se répète pas, à l'« histoire », individuelle et sociale, au fatidique. La science ne s'occupe point de ce qu'il peut y avoir dans l'inconscient collectif de l'après-mort ; l'ésotérisme n'en sait pas plus qu'elle là-dessus, mais, au nom du mystère qui est présentement dans le monde, il parie pour les mystères d'un *Tout-possible* futur.

Il faut bien reconnaître que la science, dont nul ne conteste l'importance et dont tout le monde pense qu'elle est — ou plutôt qu'elle sera — seule détentrice de la vérité, apparaît, *tant qu'elle n'est point achevée*, comme un « divertissement » extérieur semblable à tous les autres, bien que beaucoup plus respectable. On se perd dans l'objet pour ne pas avoir trop à penser à l'absurdité de la condition authentique de l'homme, qui est de vivre-pour-la-mort. « La science m'absorbe, disait Claude Bernard, elle me dévore ; c'est tout ce que je demande, pourvu qu'elle me fasse oublier mon existence. » On aimerait qu'elle convînt loyalement de ce fait que, si elle a raison, l'humanité ne saurait vivre que dans le désespoir ou *dans l'imaginaire consolateur*.

Elle ne laisse pas, en vérité, de proposer aux hommes avides de savoir, une mythologie destinée, comme celle des divers ésotérismes, à combler ses lacunes provisoires. Que ses efforts, d'ailleurs couronnés de succès, pour exposer le *comment* des choses, soient très utiles à l'action, indispensables au médecin et à l'ingénieur, nous n'en disconvenons pas. Mais en quoi cela nous intéresse-t-il ? Nous savons très bien que, puisqu'un phénomène existe, il était possible, et qu'il a bien fallu qu'il se déroulât d'une certaine façon. Mais pour qui est surtout préoccupé de son destin éphémère, de sa vie-pour-la-mort, il faut avouer que tout cela revient à dire *que ce qui est est*. Cette tautologie lui est indifférente : il laisse aux forgerons le soin d'utiliser la nature en l'imitant. Ce qu'il voudrait bien qu'on lui explique, c'est la signification de *son insertion dans le monde*.

Le grand mythe de la science, c'est l'exploitation du futur imaginaire : « On expliquera tout cela un jour ! » Malheureusement, *nous n'avons pas le temps d'attendre.* Et qui oserait nous assurer que notre véritable intérêt, « en attendant », n'est pas de miser sur l'hypothèse que notre nature doit être perfectionnée à l'échelle individuelle ; qu'il n'y a pas — comme le voulaient les philosophes du *pari*, les Socrate et les Pascal (les seuls qui se situent dans notre humain précaire et désespéré) — un plan de l'être où il vaut mieux avoir fait le bien (peu importe la façon dont on le définit) que d'avoir fait le mal ; qu'il n'est pas de techniques spirituelles (peut-être de nature scientifique, pourquoi pas ?) capables de nous faire accéder au salut et à la libération ; qu'il n'y a pas une sphère existentielle post mortem ? Assurément, si la science avait la possibilité de nous démontrer, d'ores et déjà, qu'il n'y a aucune « espérance » à avoir touchant le plan posthume de l'Être, hé bien ! les hommes se résigneraient assez facilement à leur destin absurde et tragique ; ils s'adonneraient, comme ils font déjà, aux divertissements les plus raffinés. Peut-être établira-t-elle un jour cette vérité amère. Mais pour l'instant les divers ésotérismes ont au moins le mérite de rappeler, *par leur existence même*, que la preuve du néant de l'homme n'a point encore été administrée. Il y a toujours eu des athées et des déistes (par exemple). Les uns n'ont jamais réussi à convaincre les autres, ce qui suggère que ce qu'ils croient, ils ne le croient pas *seulement sur des raisons*, mais aussi par « tempérament ». On s'en tire, nous le savons bien, en décrétant que tous les problèmes essentiels sont de « faux problèmes ». Pour nous, nous continuons naïvement à penser qu'à vouloir s'en tenir au *comment*, la science devrait au moins nous expliquer non pas, certes, *comment* les êtres et les choses sont sortis du néant — ne soyons pas trop exigeants — mais, très exactement, *comment* du désordre et du chaos — car il faut que l'explication *se passe absolument* de tout esprit conscient ou inconscient — sont issus ces univers relativement ordonnés. Il n'est pas étonnant que tant de nos contemporains aillent chercher dans les doctrines « ésotériques » du passé une réponse aux seules questions qui les intéressent vraiment et dans lesquelles ils sont inclus — chacun pour son propre compte —, puisque la science ne les résout qu'en nous annulant, *sans raisons suffisantes*, comme individus et centres de conscience ?

Il y a sans nul doute, de la vanité à vouloir de toute force nous faire accroire que notre *moi* particulier est explicable seulement par des lois générales. Nous savons bien, certes, que si nous voulons être éclairés sur notre être, il nous faut aller consulter le biologiste, le psychologue, le sociologue, mais qu'il *nous* faudra aussi faire l'application de ce que nous aurons appris d'eux, à l'individu que nous sommes. Et qu'en vérité, bien peu de ce qui est « nous » sera ainsi élucidé. Et sûrement pas ce qui nous spécifie. Cela revient à dire que la seule réalité sur laquelle nous ayons vue directement, reste hors du ressort de la science. Non seulement il est de mode aujourd'hui d'anéantir le sujet connaissant dans l'objet, mais encore de discréditer l'« ego » — à la fois individualisé et universel — qui fait que chacun de nous — à parler très objectivement — est *seul au monde*. Cette affirmation de notre ipséité-unicité a beau correspondre à une vérité de fait, elle est très mal reçue de nos savants : ils l'assimilent d'ordinaire, nous ne savons trop pourquoi, à une sorte d'orgueil nietzschéen, à un subjectivisme égoïste et puéril, alors qu'il est évident — c'est Max Stirner qui avait raison sur ce point — que se savoir et se sentir un « moi » ne signifie pas du tout que l'on se plaît à l'être, ni que l'on n'en éprouve pas les limites, ni que l'on n'en a pas le mépris, ni qu'on n'aspire pas à le dépasser pour se perdre en autrui, ni enfin qu'on ne soit pas prêt, le cas échéant, si l'on est un saint, à le sacrifier pour le salut d'autrui. La vérité toute simple, c'est que rien, pour nous, *n'existe que par notre intermédiaire*, c'est-à-dire par ce que nous appelons notre moi conscient et inconscient. On aurait honte d'écrire de telles banalités si la psychologie officielle ne tendait pas par tous les moyens à nous réduire à notre seule extériorité, c'est-à-dire à ce que nous ne sommes pas.

Les hermétistes ont ainsi rendu et rendent encore un grand service aux hommes en leur rappelant que tout est « moi », mais qu'il importe de ne pas le faire coïncider avec l'ego limité. Ils l'ont morcelé dès les origines de la civilisation en plusieurs zones de conscience, et nous ont habitués à nous voir de très haut, ou de très loin, comme à travers mille réincarnations. Bien avant les psychanalystes, ils l'ont élargi, ce « moi », jusqu'à l'inconscient, et plus hardis qu'eux, ils l'ont parfois confondu, dans une certaine mesure, avec notre destin objectif qui est peut-être bien, aussi, notre inconscient. Peut-être notre véritable liberté n'est-elle que la sienne (dont nous ne connaissons que les effets). Peut-être, disent encore les hermétistes, est-ce ce moi inconscient qu'il importe de « sauver », parce que c'est lui, et non pas notre conscience claire, qui constitue notre être incompréhensible, celui qui nous nie parfois pour que nous soyons, et qui en sait toujours sur nous beaucoup plus long que nous-mêmes.

Nous parlions tout à l'heure, assez paradoxalement, de l'ésotérisme comme *science du particulier*. En effet, sans vouloir diminuer le moins du monde la valeur de la science objective, il est évident que l'ésotériste a le droit de revendiquer comme son domaine propre la véritable connaissance de soi, qui, étant donné que l'homme est situé dans le temps, est essentiellement histoire et porte sur des événements déterminants et non *renouvelables*. Il m'a toujours paru assez étrange que des philosophes qui répètent qu'il faut « se connaître soi-même », éprouvent si peu de curiosité pour le déroulement, jour par jour, de leur propre destin. Il n'y a qu'une façon de se connaître en tant qu'être temporel, c'est de noter son « histoire ». Celui qui inscrirait *quotidiennement* sur ses tablettes la nature de ses pulsions et les événements heureux ou malheureux qui lui arrivent, reconnaîtrait peut-être, au bout de quelques années que le fatidique ne va pas au hasard et qu'il obéit à une sorte de morphologie, ou si l'on préfère, à certaines lois — qui ne sont valables, comme l'enseigne l'astrologie que pour un individu donné, parce que leur constance ne s'établit qu'à l'intérieur de son destin. Au lieu donc de rire sottement de l'astrologie — qui, sous l'aspect traditionnel qu'elle a revêtu, est fausse, et d'ailleurs pratiquement inutilisable du fait de la multitude d'influences qui pèsent sur chacun de nous — que ne dressent-ils *a posteriori*, expérimentalement, le tableau de concordance des faits qui composent leur destinée individuelle ? Ils découvriraient des coïncidences curieuses, seraient peut-être amenés à ne point trouver si absurde que certains événements de leur vie se produisent *plutôt* en avril et d'autres *plutôt* en mai (sans que l'action directe des saisons puisse être retenue) et ils pourraient parler alors en connaissance de cause de la répartition évidemment rythmique, sinon astrologique, des événements et des actes, tout au long d'une vie...

Nous en arrivons enfin à la dernière partie de cet exposé, au problème du salut, qui est du domaine exclusif de l'ésotérisme (religieux, hermétiste, magique). Pas plus que nos lecteurs, nous ne savons si, en termes de certitude, la question a un sens. Mais ce que nous savons bien c'est que, tant que la science ne sera pas devenue totalement explicative, elle se posera en *termes de pari*. Quand on s'est perdu dans une forêt, on souhaite évidemment savoir, de façon scientifique, où est le nord. Mais si on ne peut le savoir scientifiquement, on essaie de trouver sa route en interprétant des *indices*, qui ne correspondent qu'à une vague probabilité, mais auxquels nous devons nous fier sous peine de ne pas avancer du tout ou de marcher au hasard. L'ésotérisme nous invite, de la même façon, à recueillir des indices significatifs, analogiques, à tenir compte de tout un faisceau de données incertaines qui semblent trahir une « présence » que la nature ne révèle pas *autrement*. « Je ne sais pas s'il y a un Dieu, disait l'abbé Galiani, mais je crois que les dés sont pipés ! » Comme ce monde-ci est passablement fantastique —

à commencer par notre existence elle-même —, nous ne voyons pas pourquoi — toujours en attendant que la science nous ait définitivement éclairés — certaines données ésotériques ne correspondraient pas à du possible et même à de *l'étant*. S'il s'agissait de problèmes qui ne nous intéressent pas directement, ou dans lesquels nous ne sommes pas engagés, nous les refuserions élégamment comme *n'étant pas scientifiques*. Mais là où notre destination métaphysique *possible* est en jeu, nous croyons, avec tous les ésotérismes, que dans cet univers insolite — il n'y a que les hommes de science pour le trouver « naturel » — où peut-être tout est possible, où *peut-être, tout est de l'ordre de l'imaginaire*, l'ensemble de ces données peut constituer *un des termes du pari*.

A vrai dire, les termes de ce pari, à quoi se réduisent-ils ? A peu près à ceci : ou il y a des degrés dans l'être ou il n'y en a pas. Mais d'autres séries de termes s'enchaînent à ces deux premiers, comme conséquences : s'il y a des degrés dans l'être, y a-t-il ou n'y a-t-il pas un suprême être ? Or, s'il y a un suprême être, notre *devoir* et notre *intérêt* exigent que nous mettions tout en œuvre pour nous hausser jusqu'à lui, et même que nous pariions qu'il y a une sorte de continuité entre notre être relatif et cet être absolu, ou un moyen de franchir le néant qui nous sépare absolument de lui. Si nous apprenons qu'il existe des techniques morales — voire ésotériques — pour nous aider à l'atteindre, nous *devons* les connaître, les pratiquer, les *vérifier*, parce que c'est l'essentiel — actuel et futur — de nous-mêmes qui est ici mis en question : le salut ou la libération définitive. Nous y renoncerions de bon gré si la science nous avait démontré que les techniques ésotériques sont vaines, ou plutôt qu'elles sont sans objet. Mais en attendant — il n'y a aucune absurdité à parier pour le suprême être et à désirer de l'atteindre par des progrès ontiques successifs. Se « réfugier » dans l'ésotérisme, c'est parier désespérément — sans être sûr de rien — pour l'Être suprême.

1. *Du destin ou la morphologie du fatidique*

1. Tout existant, idéal ou concret, vivant ou inanimé, a une durée. De sorte que, lorsqu'il a cessé d'être dans le temps, on peut toujours en droit, *retracer son histoire*. Il est évident que tout homme — puisque c'est de l'homme qu'il s'agit ici — peut être *raconté*. Mais son histoire, ainsi reconstituée, n'est pas nécessairement une Forme : pourquoi ne consisterait-elle pas en une simple accumulation de contingences et de hasards ? Tel qui a fini empereur *aurait pu* n'être qu'un négociant de province. Tel qui est mort à quatre-vingts ans aurait pu mourir à vingt.

En vérité, le destin d'un individu est tout autre chose que son histoire : nous entendons par destin, d'une façon hypothétique et conventionnelle, certes, mais en accord avec l'opinion commune, une *structure* dont tous les éléments seraient plus ou moins solidaires et organisés selon un ordre et une unité préétablis. L'homme serait ainsi condamné à suivre son destin et pas un autre, comme il l'est à naître, à grandir, à vieillir et à mourir ; un destin prévisible pour qui en connaîtrait tous les ressorts, ou tout au moins tel qu'à voir le début de son déroulement — ou les premiers « signes » apparus dans la vie du sujet — on pourrait en conjecturer la suite, comme un musicien est capable de reconstituer facilement un air élémentaire, si on lui en fournit les premières mesures. « Donnez-moi, disait un devin célèbre, les vingt premières années d'un homme ou d'une femme, et je vous décrirai le décours probable de son existence. »

2. Qu'est-ce qui nous incline à concevoir le destin comme une forme nécessaire ? D'abord, l'uniformité relative des déterminismes qu'il subit. Il est de fait que l'homme-type a un destin-type qui est à peu près le même pour tous, si on le considère dans sa loi la plus générale : les cadres de toute destinée, *les âges de la vie,* sont bel et bien imposés comme la naissance et la mort.

La nature physique et le caractère moral de chaque individu sont également *donnés.* En venant au monde il apporte un certain nombre de dispositions innées, héréditaires, dont il n'est pas responsable : il est débile ou vigoureux, lâche ou courageux, porté à l'action ou à la rêverie, intelligent ou sot. Il n'est donc pas absurde de penser que le destin n'est pas autre chose que la manifestation dans le temps et dans l'espace de ces virtualités physiques ou psychologiques. La façon même dont chacun de nous réagit aux causes et aux événements extérieurs dépend évidemment de son « étoffe », de son volume d'être.

Enfin, tant qu'il existera des classes sociales et des inégalités parmi les hommes, les différences naturelles seront multipliées par les différences des conditionnements inhérents aux milieux : autre chose est de naître dans un taudis, autre chose de naître dans un château. Le destin commence à l'enfance. Il n'est pas le même pour tous et en raison même des influences subies il paraît s'engager dans telle ou telle voie, dont le sujet n'est pas libre de sortir. Le destin, inséré dans le social, est fonction du social.

Ainsi donc s'il ne s'agissait que de causes et d'effets déterminables scientifiquement, il serait aisé de rendre compte à la fois de la diversité et de la fixité des destinées. Les hommes nés riches, doués d'une bonne santé et de tous les dons de l'esprit, vivraient longtemps et heureux. Les pauvres — maladifs par surcroît — ne réussiraient en rien et mourraient prématurément. Les ouvriers auraient, dans l'ensemble, un destin d'ouvrier ; les patrons, un destin de patron. Et peut-être, après tout, est-ce bien ainsi que les choses se passent *en moyenne* ; *et également dans les cas limites* : il y a des monstres qui ne vivent que quelques années, voire quelques jours, et des espèces de dieux qui, pendant toute leur longue vie, ne connaissent que le bonheur...

3. Tout le monde reconnaît que les choses ne sont pas aussi simples. Est-il bien utile de rappeler ces banalités : que le destin évolue au cours d'une vie et que tel sujet plutôt maladif dans son adolescence pourra devenir très vigoureux dans son âge mûr ; que la volonté humaine joue tout de même son rôle et qu'elle bénéficie, parfois, du singulier pouvoir de *changer certains maux en biens* : n'a-t-on pas vu de jeunes hommes condamnés à l'immobilité et au désespoir par d'atroces blessures de guerre, se ressaisir et devenir de grands écrivains, et par conséquent entrer dans un destin qui ne semblait pas devoir être le leur selon la vraisemblance des déterminations ?

En de nombreux cas, il ne paraît pas que les directions fatidiques coïncident dans un individu avec celles qui semblaient prédéterminées. On eût cru que ce garçon rangé mènerait une vie de bon bourgeois : il devient gangster ; cet autre qui semblait promis aux aventures, monte une épicerie de banlieue.

Enfin et surtout — c'est en cela que réside l'intérêt du problème — on constate que dans toute destinée interviennent des éléments *dont la nature nous échappe,* et que l'on appelle vulgairement *chance* ou *malchance.* Pour certains hommes tout réussit *comme par miracle ;* pour certains autres tout échoue, *contre toute attente.* Le destin le plus désespéré peut-être sauvé par un hasard providentiel ; le destin le plus brillant, interrompu par un accident stupide, par une mort prématurée et que rien ne laissait prévoir...

Il résulte de tout cela cette chose très importante que ce qui constitue le destin, c'est l'ensemble des événements et des vouloirs qui, précisément, ne sont pas *prévisibles par la raison, ni explicables par l'enchaînement logique et naturel des causes et des effets.* Ce qui est de l'essence du destin, ce n'est pas que le toréador soit blessé par le taureau, ou que le casse-cou se tue en auto — *cela est de l'ordre des probabilités* — c'est que le toréador n'ait jamais reçu un coup de corne et que le casse-cou n'ait jamais eu d'accident grave.

Les quatre volontés

Qu'il y ait une causalité fatidique qui se superpose — en les utilisant, certes — aux causalités subjectives, cela se manifeste déjà clairement au niveau du vouloir, du désir, du dessein...

Il y a quatre sortes de volonté dans l'homme :

1) D'abord une *volonté technicienne,* pratique, qui croit absolument au déterminisme : elle prévoit à court terme et « réussit » toujours dans son activité journalière ou programmée (sinon l'action ne serait pas possible). La cuisinière sait que — sauf imprévu — elle fera son cassoulet ; l'ingénieur sait qu'il construira son pont. Cette volonté fait coïncider, sans mystère, l'idée, le plan, avec sa réalisation : elle fait que le réel ressemble au projet. *Elle s'accompagne d'une connaissance absolue des moyens à employer* pour obtenir ce but.

2) *Une volonté-désir.* Celle-ci se caractérise par ce fait bien significatif qu'elle ignore certains éléments ou conditions de son action et qu'elle ne sait même pas si elle réussira nécessairement. Non seulement *elle ne connaît pas les moyens* qu'il faut mettre en œuvre pour faire coïncider le plan avec la réalisation, mais elle n'est pas absolument sûre que cette réalisation soit *possible*. A la limite elle se confond donc avec le désir ou le souhait chimérique.

3) *Une volonté magique :* j'appelle ainsi la volonté qui prétend agir *directement* et en tant que telle sur les êtres et les choses, en se représentant obstinément le but à atteindre, mais non point le processus de

réalisation *qu'elle ignore*. Chez l'homme de la rue, elle ne diffère guère du désir intense joint à la croyance instinctive que ce désir peut agir *par lui-même*. La parapsychologie connaît des cas où la volonté ainsi dirigée déclenche des rêves d'un certain genre chez des dormeurs, ou fait mouvoir, sans contact, l'aiguille aimantée. On devine l'intérêt soulevé par l'existence — incontestable, semble-t-il — de cette volonté du 3e degré qui pourrait expliquer, dans une certaine mesure, les ressemblances qui s'établissent *presque toujours* entre un individu donné et son destin objectif.

4) Enfin, *une volonté inconsciente*. C'est la plus dangereuse de toutes, parce qu'elle nous est inconnue et qu'elle peut aller, sans que nous en soyons avertis, à l'encontre de notre volonté « claire ». Elle émane de nos profondeurs pour agir, sinon sur le réel, du moins sur nous-mêmes. On comprend mieux, grâce à elle, comment la réalité objective peut, en certaines circonstances, *obéir à nos désirs secrets :* elle réduit le mystère qui s'attache à ce mimétisme inexplicable. Tel qui a le pressentiment qu'il mourrait bientôt, le confirme en se suicidant « inconsciemment », en machinant, par exemple, sans en avoir conscience, l'accident où il perdra la vie. Beaucoup d'échecs sont imputables à une obscure volonté d'échec...

On voit comment le destin véritable de l'individu paraît déterminé surtout par les éléments ténébreux qui le font agir de très loin. Les zones obscures de l'humain communiquent vraisemblablement avec la nuit du cosmos ; et, selon des modalités que nous ignorons, le vouloir inconscient se met en accord ou en désaccord avec les lois de l'univers. De sorte que les véritables questions qui se posent, en ce qui concerne la nature de la destinée humaine, sont les suivantes :

— Dans quelle mesure les hasards événementiels entrent-ils comme composants nécessaires dans la structure du destin ?

— Dans quelle mesure, par sa volonté consciente ou inconsciente, l'homme suscite-t-il des événements objectifs extérieurs à lui, qui ressemblent à sa destinée intérieure et en font l'unité ?

Les saisies globales du destin

Les gens sérieux ne vont pas manquer de s'écrier que ce ne sont là que des chimères ; et que rien ne prouve que le destin — qui, dans ce cas, ne serait pas destin mais histoire — obéit à d'autres conditionnements que ceux qui procèdent des causalités subjectives (psychologiques) ou objectives (physiologiques, sociologiques), ou purement contingentes (par rapport à l'idée de destin), c'est-à-dire non reliées entre elles en tant que séries causales, par une causalité originelle unique.

Que pouvons-nous leur répondre qu'ils ne puissent aussitôt mettre en doute au nom du rationalisme ?

a) D'abord ceci : qu'il n'est plus niable aujourd'hui, qu'un assez grand nombre d'hommes et de femmes ont eu, à certains moments de leur vie, la vision globale ou partielle de leur destin ; ont pressenti tels ou tels événements ; ont été avertis de la date de leur mort... Tout porte à croire que notre esprit inconscient connaît la totalité de notre destin, bien qu'il ne nous la révèle pas toujours.

b) Il semble bien que les caractérologies scientifiques ne recensent que les traits les plus superficiels du caractère. Il existe chez les individus des coexistences, des associations de tendances psychologiques et de prédilections, dont la raison ne saurait rendre compte ; qui n'ont pas plus d'affinités entre elles que n'en ont, par exemple, les éléments d'un tableau, et qui, cependant, ne sont nullement aléatoires. C'est en vertu d'une nécessité d'un autre ordre que l'on trouve chez certains hommes et femmes d'un type nettement caractérisé, un amour excessif du passé, par exemple, conjugué, d'une façon inexplicable, avec un goût très marqué pour les petits animaux domestiques. Ces liaisons caractérielles — qui n'ont aucune réalité pour le savant — en ont beaucoup, au contraire, pour les sorciers de village qui devinent, grâce à elles, le passé et l'avenir de ceux qui viennent les consulter. En prenant pour point de départ des rapports de ce genre, ils reconstruisent à la fois le caractère et le destin.

c) Il y a la même relation certaine entre les traits du visage, l'allure générale du corps et la structure de la destinée. C'est en cela que l'astrologie dit vrai, si l'on appelle ainsi — (et indûment) — la physiognomonie traduite en termes astrologiques. Je ne veux pas savoir si les caractères du visage sont en rapport avec des dates de naissance et des influences astrales, mais je ne doute pas qu'ils ne soient « en familiarité » avec la caractérologie fatidique. Et je pense qu'il ne serait pas impossible de le démontrer statistiquement. Je n'ai jamais vu pour ma part, un « vénusien », un « jupitérien », un « saturnien » — c'est-à-dire des hommes ou des femmes ayant les traits du visage et le port que les astrologues attribuent à ces types astraux — ne pas avoir également un destin *vénusien, jupitérien* ou *saturnien*. Les dosages sont peut-être plus révélateurs encore : cette vénusienne un peu mercurienne, ce jupitérien un peu saturnien, leur destin reflète exactement ces nuances, dans le succès ou dans l'échec. Un vrai magicien doit pouvoir lire le destin d'un dictateur, rien qu'à étudier sa physionomie... « Son visage est noble et tragique, disait Apollinaire, comme le masque d'un tyran ! »

Faisons le point, concluons ! Il est légitime de faire l'hypothèse qu'un destin d'homme est un tout qui unit des éléments subjectifs, en apparence disparates, mais liés les uns aux autres par une familiarité transcendante. *Le destin ne ressemble pas seulement à l'homme qui l'assume, à son physique, à son âme, à son esprit : il ressemble aussi aux choses qui lui arrivent...*

Les signes et les compensations

L'homme est ainsi fait qu'il n'est pas capable de tout, à la fois. Si toutes les possibilités humaines se concentraient sur un seul individu, elles s'y annuleraient, ou il serait un monstre. Ce qui caractérise donc toute destinée, c'est qu'il y a des tendances, des directions qu'elle exclut ou récuse et d'autres qu'en compensation, elle revalorise ou exalte. La destinée exclut, compense, conjugue. Si l'on établit le plus simplement possible et, pourquoi pas ? à la façon des cartomanciennes, la liste des bonheurs possibles : la santé, l'amour (le besoin d'aimer et surtout d'être aimé), la puissance, la gloire, l'argent, etc., on voit qu'ils s'opposent assez souvent en vertu de lois psychologiques naturelles. Celui qui recherche avidement la puissance ou l'argent négligera non pas le plaisir, mais l'amour. Et celui qui n'aime que l'amour ne s'intéressera guère à l'argent ou au pouvoir.

Mais on constate en étudiant sérieusement la morphologie du fatidique que les affinités ou les antagonismes entre ces diverses finalités hédoniques ne s'établissent pas toujours selon les lois de la psychologie, et conformément à la raison ou au bon sens ; et que d'autre part, si dans un destin donné, l'une de ces finalités est véritablement maléficiée — l'amour, par exemple — le maléfice est tel que, contre toute vraisemblance, tous les efforts que fait le sujet pour connaître l'amour — alors qu'aucune cause réelle ne s'oppose à ce qu'il le connaisse — se heurteront à l'échec multiforme (et d'autant plus inexplicable qu'il est multiforme). C'est pourquoi il est déterminé à compenser l'amour qu'il n'obtient pas, par le désir de gloire, de puissance ou de richesse. Mais rien, selon la psychologie courante, ne le détermine à le compenser par ceci plutôt que par cela. C'est la nature de la compensation choisie — en fonction de tout le contexte fatidique — qui spécifie le destin. Or, qu'on le veuille ou non, le « maléfice » est décelable dès l'adolescence : il est signifié par de véritables présages et généralement la compensation éventuelle aussi.

Ces lois, n'ont, en elles-mêmes, rien de mystérieux. En bien des cas elles ressortissent purement et simplement à la psychanalyse. Mais, répétons-le, c'est l'ordre dans lequel les compensations sont choisies et leur relation avec le tout — ensemble fatidique — qui situent le destin individuel sur un tout autre plan que celui où la caractérologie officielle prétend le saisir.

Les compensations s'accordent :

1) Avec l'allure générale du destin. Il n'est pas de mon propos de donner ici l'analyse détaillée des diverses allures qu'il peut prendre. Il suffit de rappeler que le destin peut être bon ou mauvais (c'est-à-dire finissant bien ou finissant mal), qu'il peut être très étroit ou très large, selon qu'il intéresse peu ou beaucoup d'hommes (le destin du Christ, par exemple, passe par les multitudes de croyants et se prolonge indéfiniment) ; altruiste ou égotiste (certains hommes dépendent absolument d'autrui, ne sont heureux et ne souffrent que par autrui ; d'autres ne jouissent et ne pâtissent jamais que dans les étroites limites de leur corps et de leur personne, etc.). Arrêtons-nous cependant, sur les rythmes propres à chaque destin.

Je ne crois pas qu'il soit d'ores et déjà possible, dans l'état actuel de nos connaissances, de dresser le tableau complet de toutes les variétés de types de destin en ce qui concerne précisément leur rythme. Mais il en est deux de particulièrement caractéristiques sur lesquels j'insisterai à titre d'exemples, le destin solarien et le destin saturnien.

Les destins solaires ou apolliniens (en rapport astrologique avec le soleil) se caractérisent par ce fait que ceux qui l'incarnent, connaissent une ascension rapide vers la gloire, la fortune ou la puissance, sans éprouver d'échecs graves au cours de leur brève carrière, jusqu'au moment où, brusquement, tout finit mal pour eux et où ils perdent tout, y compris assez souvent la vie. On pense évidemment au destin de Napoléon — dont certains, mus par un sûr instinct, ont voulu faire un mythe solaire — ou à celui de beaucoup d'autres conquérants, mais un industriel, un commerçant, et même un ouvrier d'usine peuvent avoir, chacun dans sa sphère d'activité, un destin tout à fait semblable quant à la forme, et présentant exactement les mêmes caractères morphologiques.

Inversement les destins saturniens ont une ligne d'évolution plus lente, plus longue, et comportent généralement des phénomènes de retard assez stupéfiants. A son sujet, l'astrologie lue sur les visages (ou, comme nous le disions plus haut, la physiognomonie traduite en termes astrologiques) est infiniment révélatrice. On peut vérifier sur le destin d'un saturnien (dont on connaît le masque triste et soucieux) et presque mesurer les retards — par ailleurs incompréhensibles — qu'il ne manque pas de subir. Comme il n'est pas saturnien pur et que se marquent aussi sur son visage des aspects jupitériens, on peut être assuré qu'il obtiendra de flatteuses satisfactions d'amour-propre. S'il est écrivain, par exemple, il aura des contrats avec les meilleurs éditeurs : cela est dû à l'influence jupitérienne. Mais la parution de chacun de ses livres sera retardée d'une façon incroyable et pour des causes très différentes qui pourront aller de la perte du manuscrit à sa destruction par la guerre, en passant par la faillite de l'éditeur ou l'incendie de sa maison. J'ai connu un sociologue très saturnien — sans la moindre compensation jupitérienne, il est vrai — que Saturne a véritablement condamné au silence. Après avoir essuyé tous les échecs matériels possibles en ce domaine, il avait enfin arraché à un éditeur la promesse de publier son énorme livre d'ethnologie. Il habitait une île du Pacifique. Il avait mis au point toutes ses notes... l'ouvrage était presque terminé. Un soir, un immense raz de marée envahit sa maison, se saisit, comme une main géante, du manuscrit et des notes et ramena le tout au fond de l'Océan...

De telles accumulations d'échecs suggèrent une sorte d'aimantation du réel par le sujet ou, entre le sujet et l'environnement événementiel, une véritable harmonie préétablie.

2) Les compensations s'accordent avec les caractères physiques et moraux de l'individu. Dans la vie d'un saturnien, elles sont d'ordinaire très tardives (il arrive que des saturniens retardés commencent à cinquante ans une existence de Don Juan). Chez les solariens, la période où la catastrophe finale vient compenser les brillants succès antérieurs, se situe généralement entre trente et quarante-cinq ans.

3) Enfin, les compensations s'accordent avec la sémantique même du destin. Il est rare que l'unité du contenu fatidique, la conjugaison harmonieuse ou contrastée des désirs et des événements, les échecs et la direction générale des succès compensateurs ne se manifestent pas — dès l'enfance ou l'adolescence (plus tard chez les « saturniens ») — par des

signes, des hasards objectifs, des rencontres qui sont autant de présages par lesquels s'accuse la ressemblance, dans une existence donnée, du présent avec le futur. Il y a des événements-clés, survenus à vingt ans, qui prophétisent véritablement toute la destinée d'un homme.

On peut essayer de réduire le mystère, et on le doit. On sait aujourd'hui — comme nous l'avons dit plus haut — que les échecs et les retards peuvent être indirectement et inconsciemment préparés par celui qui croit les subir. Mais il y a des cas où il n'est pas possible que l'événement — un accident d'avion par exemple, ou le coup de revolver tiré par un fou — ait été voulu par la victime. La loi (?) qui établit ainsi une ressemblance entre le monde subjectif de l'individu et le monde objectif, réel, n'obéit — il faut bien le répéter — ni à la vraisemblance psychologique ni à l'expérience : elle répond à une « harmonisation » dont la musique nous donne une idée et dont nous pouvons même sentir la beauté, mais dont l'essence profonde nous demeure absolument inconnue. Statistiquement parlant, il semble bien — mais comment établir en ce domaine des statistiques vraiment concluantes ? — que les hommes qui ont tout (santé, richesse, talents multiples, succès, etc.) meurent jeunes et souvent dans un accident, ou assassinés. La compensation est brutale et tragique (leur cas est d'ailleurs du même ordre que celui des apolliniens ou solariens). La conscience populaire a toujours redouté la prospérité totale et recommandé de faire un sacrifice volontaire pour se concilier les dieux (et compenser le malheur que l'on s'attire, si l'on est trop heureux). On se souvient de Polycrate, le tyran de Samos, qui, effrayé par ses succès, jeta à la mer une bague à laquelle il tenait beaucoup. Le destin n'accepta pas le sacrifice : un pêcheur lui rapporta presque aussitôt la bague qu'il avait retrouvée par hasard (?) dans le ventre d'un poisson... Je ne sais rien de plus significatif et de plus terrible que ces refus d'offrandes qui, heureusement, ne sont pas fréquents. Ils sont toujours le signe d'un épouvantable désastre. Les compensations établies par une opération magique obéissent à la même loi. Tel qui renonce volontairement et symboliquement à l'amour, par exemple, pour obtenir en certaines circonstances la réussite financière ou politique, il n'est pas sûr que le Destin... ou le Diable acceptera la substitution qu'il propose...

Il arrive souvent, j'allais écrire toujours, que les personnes sincèrement dévouées au bien de l'humanité et véritablement pacifistes se sacrifient inconsciemment et déclenchent ainsi un processus objectif qui les sacrifie en fait : ils tombent sous les coups d'un assassin irresponsable, généralement un fou... Ces rapports fatidiques mériteraient une étude plus détaillée que je ne puis leur consacrer ici. Mon propos est simplement de montrer qu'il ne faut pas être sorcier pour prophétiser que l'homme insolemment heureux à trente ans a soixante-quinze chances sur cent de périr tragiquement ou tout au moins de mourir jeune ; que le saint sera persécuté et l'homme-Dieu crucifié à trente-trois ans, réalisant sur les hauts plans à peu près la même forme fatidique que les conquérants (Alexandre le Grand, par exemple) sur les plans inférieurs.

On a peine à concevoir que le catholicisme actuel ne mette pas davantage l'accent sur la doctrine même du Christ en tant qu'elle enseigne l'identité absolue du Moi (total et profond) avec sa destinée, et même l'antériorité du destin sur le moi. L'importance donnée par les prophéties à des détails de la vie du Christ, devrait renforcer ses disciples actuels dans la conviction que toutes les actions de tous les hommes — dont Jésus-Christ est le modèle — ne font que suivre jusqu'à l'iota (comme le disait Bossuet) la ligne que leur destin a pour ainsi dire prophétisée.

Le destin de chacun de nous est fixé dans l'intemporel et ici-bas inéluctable. Il n'est pas possible que nous ne lui ressemblions pas, parce que nous l'avons choisi et qu'il est nous-mêmes. Se vouloir libre à son égard, c'est-à-dire indépendant de lui, est une absurdité. Seule est libre la volonté du destin en nous.

Les visions prémonitoires

Rien ne contribue davantage à nous persuader que notre destin est, pour ainsi dire préfiguré, que les phénomènes assez fréquents de voyance qui nous le donnent « à voir » avant qu'il se soit réalisé. La preuve que le destin est une forme c'est qu'il paraît déjà constitué dans le Futur : le fait qu'il existe dans le Futur nous convainc qu'il est inéluctable. Pourtant n'y a-t-il pas des cas où il faudrait plutôt penser — puisque la vision que nous en avons eue nous a permis de l'éviter — ou qu'il est contingent ou que nous sommes libres ? Nous croyons que ce n'est là qu'une illusion.

Il arrive, en effet, que l'on soit averti d'un danger imminent par un rêve, par une vision éveillée ou par une sorte de voix intérieure. Un tel, par exemple, est invité à ne pas monter dans l'avion ou dans le train qu'il comptait prendre... et de fait, cet avion explose ou ce train déraille. La prévision de l'avenir semble bien avoir mis en jeu ici deux décisions également possibles entre lesquelles il appartenait à la liberté du sujet de choisir. Le fait en lui-même, l'accident, demeure fatal, mais enfin, le voyageur était perdu et sa vision — et sa liberté de choix — l'ont sauvé.

C'est cela qui nous paraît très douteux. En vérité, si les rêves prémonitoires, les visions, les avertissements de toutes sortes paraissent bien établir qu'en certains cas le sujet connaît inconsciemment, et parfois consciemment, son destin, ils ne prouvent nullement qu'il ait disposé à son égard, de quelque liberté. Il est clair que l'avertissement ainsi extériorisé, projeté, n'a point pour but (apparent) de modifier le destin de l'individu, mais de lui manifester, en termes d'imaginaire, un événement qui, de toute façon, aurait lieu sans l'intervention de cette prémonition d'essence onirique. Il est tout à fait remarquable que de telles projections de l'inconscient n'ont lieu que lorsque l'individu doit échapper de justesse à un grave péril, c'est-à-dire que sa destinée — comme cela arrive souvent sans qu'on le sache — passe tout près d'une possibilité castastrophique. C'est de cette possibilité — en réalité fausse possibilité — qu'il a été averti. Autrement dit : il n'y a jamais prémonition d'un danger (à éviter) sans que l'événement une fois survenu ne confirme qu'il existait une possibilité maligne à laquelle le sujet est censé avoir échappé alors que véritablement il ne pouvait pas ne pas y échapper. De sorte que ce qui s'est projeté ainsi dans le futur n'est pas différent de ce qui se projette dans le passé, quand nous constatons, ou apprenons, que nous avons failli être tués ou blessés, que notre malheur n'a tenu qu'à un fil ou à un hasard, et que nous éprouvons de ce fait une sorte de terreur rétroactive. Nous confondons ainsi les circonstances à côté desquelles nous sommes passés avec une prétendue possibilité qui aurait pu se réaliser, ou si l'on préfère : la proximité temporelle ou spatiale avec la proximité causale ou logique (les joueurs qui ont tiré le numéro 19 quand c'est le 20 qui gagne, tombent dans la même erreur : ils sont furieux d'avoir perdu pour un point !).

Nous imaginons vivement les situations de ce genre. On pourrait presque dire qu'elles s'imaginent d'elles-mêmes : nous les revivons en rêve pendant la nuit. Pour qu'elles soient figurées et projetées dans le passé ou dans le futur, il est nécessaire que leurs circonstances — la vraie possibilité (celle qui se réalise) et la fausse possibilité (celle qui ne peut pas se réaliser) — soient saisies dans un contexte « dramatique » mystérieux, qui les rende imaginables. Ce qui le prouve, c'est que dans les cas où nous avons hésité longtemps entre deux décisions contraires et où notre délibération n'a porté en définitive que sur des abstractions ou sur des conséquences lointaines qui ne se prêtent ni à l'affabulation ni à la symbolique de l'inconscient, nous n'enregistrons jamais de semblables perceptions hallucinatoires, ni dans le passé (sous forme de souvenirs figuratifs), ni dans l'avenir (sous forme de prémonitions imagées).

Il ne faut donc pas tirer argument de la double possibilité sous laquelle parfois, dans les rêves ou les visions, l'on se représente un événement fatidique, pour affirmer que l'homme est libre, et encore moins que son destin est contingent. (Comment d'ailleurs pourrions-nous être libres à l'égard du destin qui n'est que la conséquence de ce que nous sommes ?) Il est certain que le destin n'est point changé par l'image que nous nous en fabriquons. On ne peut pas percevoir une possibilité qui ne se réalise pas. L'avenir qui n'arrive pas n'est pas l'avenir, et il n'est inscrit nulle part. Dans les cas étudiés par la parapsychologie on voit que le vrai destin de l'individu — mystérieusement averti — était d'éviter de toute façon le mauvais sort ou plutôt de la façon même dont il l'a évité, c'est-à-dire par l'intermédiaire de cette brusque illumination de sa prescience par une imagerie surnaturelle. Le soldat qui, dans sa tranchée, quitte la place qu'il occupe quelques minutes avant que celui qui l'y remplace n'y soit tué, l'aurait quittée aussi fatalement par un enchaînement de circonstances auxquelles le pressentiment ou la prémonition n'ont rien ajouté : ils n'en ont souligné que le caractère fatal, remarquablement fatal. Que ce hasard ait frappé son imagination, lui ait fait imaginer une possibilité de mort qui, en elle-même, n'est pas plus extraordinaire que si son remplaçant avait été tué à son poste quinze jours après, en succédant à un autre ; répétons-le : il n'y a rien d'étonnant à cela. Mais que de rêves cette coïncidence va-t-elle susciter dans sa mémoire ! Le futur est comme le passé : le sujet croit qu'il a reçu un avertissement, il croit qu'il a fait ce qu'il a fait parce qu'il l'a reçu, il n'en est rien : l'avertissement n'est que la traduction en termes oniriques futurs de ce qu'il savait bien, inconsciemment, qu'il ferait.

Cela signifie que le rêve peut se construire sur une certaine connaissance intuitive de l'avenir comme il se construit d'ordinaire sur des matériaux présents et passés. Dans ce cas, il prévoit mais ne change pas la destinée. Si celle-ci implique que le sujet soit tué (par exemple), ou bien il ne sera averti de rien du tout, ou bien il ne tiendra aucun compte de l'avertissement et ne le remarquera même pas, ou bien il n'y verra qu'un présage général, sans rapport avec sa situation présente.

Il n'en reste pas moins que le rêve prémonitoire, ou tout autre signe prophétique, semble bien témoigner d'une sorte de connaissance — ou de conscience — que le sujet aurait de tout ou partie de son destin. Car si l'on conçoit clairement que le rêve se serve du futur comme il se sert du passé, encore faut-il que ce futur soit inéluctablement fixé (de quelque façon qu'on imagine cette fixation). Et il faut bien faire l'hypothèse, dès lors, qu'en certaines circonstances, le temps est parfaitement réversible et que ce qui est futur est comme ce qui est passé, ou bien que, par instants, nous échappons à la temporalité puisque nous « voyons » l'avenir.

Mais même si cette connaissance anormale nous est parfois donnée — ce qui ne nous paraît pas douteux — il faut bien distinguer ce qui est *perçu* de ce qui est *imaginé*. Si le rêveur voit distinctement sa maison s'écrouler, et vérifie peu de temps après qu'elle s'est écroulée dans les mêmes circonstances et en présentant la même image globale et détaillée, il faut bien admettre qu'il s'agit là d'une perception (s'opérant d'ailleurs selon des lois que nous ignorons encore). Que s'il se voit écrasé sous les ruines de sa maison, alors qu'elle ne s'écroulera que tout de suite après qu'il en sera sorti, on doit penser que ce n'est là qu'une dramatisation du même type que celle que nous avons vu précédemment : l'inconscient lui a représenté l'imminence d'un danger auquel il était écrit qu'il n'échapperait que de justesse. C'est une simple possibilité abstraite qui a été imaginée ici — ou plutôt imagée — pour révéler au sujet qu'il se tirerait de cet accident dans des circonstances que leur singularité même permettait à son inconscient de figurer visuellement. Ce qui ne doit pas surprendre quand on sait avec quelle facilité et avec quelle exubérance de détails l'inconscient est capable d'exprimer en symboles concrets, en tableaux, les possibilités abstraites, les tendances, les sentiments.

Ainsi donc, si l'on ne peut pas toujours affirmer avec certitude que le rêve éveillé perçoit le futur — encore que la chose nous paraisse parfaitement possible — on doit du moins penser qu'en certaines circonstances, il est capable de l'imaginer. Il fait lui-même partie du destin du sujet et c'est pourquoi il ne le trompe jamais sur la signification de tel ou tel événement qu'il lui en révèle. A n'en pas douter le destin est une forme qui fait corps avec celui qui le vit et qui lui ressemble, parce que l'homme n'a pas d'autre essence que celle qui se manifeste — nécessairement — par ses actes « volontaires » et par tout ce qui lui « arrive ». Les volontés, les désirs, les rêves, les événements indépendants en apparence de son vouloir, les prétendus hasards, sont en harmonie avec son être physique et moral, avec son « étoffe ».

La liberté et le destin

Le sage ne croit pas que l'on puisse vraiment agir sur son destin, le modifier (c'est plutôt lui qui nous modifie). Il doit au contraire essayer de coïncider intellectuellement le plus possible avec lui, de façon qu'il ne lui arrive rien qu'il n'ait voulu, rien qui n'exprime sa réalité psychologique la plus profonde, rien qu'il ne reconnaisse comme sien. D'ordinaire les hommes acceptent facilement de se confondre avec leur destin quand il est heureux, mais ils se retranchent de lui quand il ne l'est plus, et ils le haïssent comme s'il était devenu une force étrangère et hostile. C'est là un comportement absurde. Il faut, certes, ne pas lui être plus attaché qu'on ne l'est à soi-même, mais il faut savoir le survoler dans sa totalité, c'est-à-dire dans *l'unité de ses harmonies et de ses fausses notes.*

La seule façon de se prouver qu'on est libéré du destin et de soi-même, c'est d'être devenu capable de considérer sous le même angle de beauté et avec le même désintéressement les honneurs et les malheurs qu'il comporte. (La poésie qui perçoit les malheurs — des autres — sous les espèces de la beauté nous aide peut-être dans cette ascèse purificatrice.) J'imagine que Napoléon mettait dans son propre désastre de Waterloo le même rayonnement de beauté que les romantiques lui ont prêté plus tard : « Cette défaite, disait-il, où la gloire du vainqueur sombre dans l'éclat du vaincu... »

C'est là la façon la plus humaine, la plus luciférienne aussi et sûrement la plus difficile d'être libre (c'est-à-dire d'avoir un destin libre !) : elle consiste à tout aimer de ce qui se manifeste à propos de nous, comme nous aimons tout ce que nous sommes et notre destin comme si nous l'avions choisi. C'est ainsi que le poète Joë Bousquet en était venu à situer son être le plus authentique dans son épouvantable blessure, et à se considérer comme procédant absolument d'elle, dans son essence et dans son existence. Elle était pour lui l'antériorité fatidique à laquelle il faut se confondre si l'on veut s'en déprendre.

Il y a une autre attitude morale qui consiste au contraire à refuser le destin le plus qu'on le peut, c'est-à-dire à diminuer son vouloir et son agir de façon à réduire toute la diversité de l'aventure humaine à une aventure intérieure. C'est la voie choisie par les philosophes qui ne veulent pas quitter leur chambre, par les religieux qui s'enferment dans leur cellule, par les mystiques épris du seul Absolu. Cette voie de détachement assortie de la conviction que le monde n'est que néant, n'exclut évidemment pas le destin — elle en serait plutôt la plus haute expression — ni la ressemblance de l'homme avec cela même qui le détermine (ici : dans la transcendance). A vrai dire, elle ne diffère pas tellement de la voie luciférienne, surtout quand du fait des circonstances elle devient très difficile à suivre : quand, par exemple, les conditions de cet isolement ne sont plus remplies, quand le philosophe est obligé de vivre dans l'agitation et le religieux hors de sa cellule. Dans ce cas les obstacles ne font partie du destin individuel que dans la mesure où l'individu les surmonte...

Il existe enfin une troisième voie, plus ésotérique, qui demeure en quelque sorte intérieure au destin. Elle est réservée à ceux qui ont acquis au plus haut point le sens du fatidique et qui aspirent moins à se libérer du destin qu'à se laisser instruire par lui. Elle conduit au respect et à la vénération des dieux. Un saturnien, par exemple, ne se révolte pas contre les échecs, les entraves que lui inflige et lui impose Saturne. Il répond à sa rigueur par une patience infinie, considérant ces échecs et ces entraves comme autant d'épreuves purificatrices (c'est cela que les anciens astrologues appelaient la vénération de Saturne). Et il y a des circonstances où il faut une énergie invincible pour ne pas céder au découragement et être deux fois vainqueur : de Saturne et de soi-même. On voit clairement par-là comment l'obéissance au destin et la liberté ne sont qu'une seule et même chose. Car le véritable destin saturnien ne consiste pas à être toujours retardé, toujours entravé, et à la fin écrasé et réduit à néant, mais au contraire à triompher, par la patience et le courage, de la lenteur et de la pesanteur astrale.

C'est la même obéissance au destin qui a toujours conduit les hommes instruits par l'expérience à observer exactement tous les rites de transition et de passage qui ont pour effet de désarmer le destin en tant qu'il est hostile, c'est-à-dire en tant qu'il est tenu à tort pour différent de ce que nous sommes. On sait que l'humanité primitive avait multiplié les observances de ce genre qu'il eût été dangereux d'enfreindre. Positives, il ne fallait jamais par peur ou par lâcheté refuser d'entreprendre ce à quoi le destin semblait incliner ; négatives, il ne fallait pas non plus accomplir une action, une démarche qu'auraient déconseillée les voix intérieures (Socrate obéissait toujours à celle de son démon). Je ne crois pas utile de donner la liste innombrable de ces prescriptions :

je rappelle seulement celles que beaucoup de nos contemporains observent encore aujourd'hui. Le destin n'aime pas les changements brusques, c'est dans les failles, les coupures qu'il frappe toujours. C'est pourquoi il est nécessaire, si l'on change de domicile, si on abandonne un travail pour un autre, de ménager une transition symbolique. Il serait très périlleux pour un homme âgé de s'arrêter trop brusquement de travailler. S'il est obligé de se reposer, il doit entreprendre aussitôt une autre tâche, ne fût-ce que d'une manière symbolique. Car pour le destin, pour notre inconscient et pour la magie, le symbole vaut la réalité.

Comme on le voit il y a un plan — dans l'individu et dans l'histoire de l'humanité — où le destin est considéré comme tellement distinct du sujet, que l'on doit lutter contre sa nocivité ou se prémunir contre elle. Mais, en réalité, tous les efforts de l'homme ne tendent, au niveau des croyances magiques, qu'à s'assimiler à lui. Et c'est là qu'est la vérité. Le sage est celui qui s'est si bien familiarisé avec le fatidique qu'il ne peut plus discerner si sa volonté consiste à vouloir ce qui est voulu, à se plier aux événements, ou à ne pas vouloir et à attendre — comme l'enseigne le *Tao-tö-king* — que les événements et les choses agissent à sa place.

De toute façon c'est en poursuivant le plus complètement possible son identification avec le moi caché qu'est précisément son destin, que l'homme fait l'expérience de l'harmonie qui s'établit entre lui et les choses. Cela est particulièrement remarquable sur le plan moral. Le sage qui s'est élevé à une telle liberté spirituelle qu'il ne peut plus faire le mal, constatera que le monde objectif lui-même s'oppose à ce qu'il fasse le mal. On offrit un jour à un grand initié un fruit dont le goût devait être délicieux. Il ne put le manger : il avait été volé !

Dès que, par la force des choses, l'homme et la femme se libèrent quelque peu de leur égotisme — c'est généralement dans l'amour — l'harmonie qui s'établit entre ce qu'ils éprouvent l'un pour l'autre et les événements imprévisibles qui ne dépendent pas d'eux, se met à devenir signifiante : signes et intersignes foisonnent. On dirait que tout le réel est devenu pour eux subjectif.

Bien entendu les scientistes ne manqueront pas de faire observer qu'il suffit de prêter attention à ces coïncidences, rencontres, hasards objectifs pour les créer ; et que tout cela est vain et illusoire. A quoi on peut répondre que le fait que notre esprit collabore avec la nécessité empirique est un phénomène naturel lui aussi, et que l'intersigne — même purement subjectif — fait partie de la nature. D'autre part, on ne voit pas que le sens du destin doive exclure nécessairement le sens critique. Certains de ces signes, établissant une sorte de correspondance entre l'homme et son destin, sont d'une objectivité indiscutable et difficilement explicable par le seul hasard.

La vérité, c'est qu'il n'est pas possible de prendre une vue relativement claire de son propre devenir fatidique si l'on n'a pas appris à se tenir soi-même pour une conséquence du destin et à se situer, par l'imagination (maîtresse de vérité et non d'erreur) à l'entrecroisement de ses lignes de force : autrement dit, à considérer toutes choses comme des signes, en leur reconnaissant par-delà leur nature objective, une essence sémantique. La science du destin est, assez paradoxalement, une science du particulier (ce qui n'exclut pas la science générale des destins particuliers, c'est-à-dire une typologie des destins ou de leurs lois fatidiques). Il m'a toujours paru assez étrange que des philosophes qui vont répétant « qu'il faut se connaître soi-même », éprouvent si peu de curiosité pour le déroulement au jour le jour de leur destinée personnelle. Ainsi que nous l'avons déjà indiqué plus haut, celui qui inscrirait quotidiennement sur ses tablettes, comme le faisait le poète Joë Bousquet, en face des pulsions ressenties (amoureuses, orgueilleuses, haineuses, destructrices, altruistes, etc.) les actions volontaires ou involontaires et les événements fortuits, dans l'ordre où ils sont apparus ou se sont éclairés, reconnaîtrait, au bout de quelques années, que le fatidique ne va pas au hasard, mais obéit à des constantes ; que les mêmes actes ou événements se répètent analogiquement à peu près aux mêmes dates, et cela indépendamment, bien sûr, des cas où cette répétition, ces retours s'expliquent par des causes objectives. Le destin obéit à des lois, qui passent parfois par les lois scientifiques qu'elles utilisent, mais qui, le plus souvent, dépassent le déterminisme et s'inscrivent à l'intérieur de chaque vie individuelle selon un autre déterminisme infiniment plus minutieux. Les événements particuliers sont en harmonie, non seulement avec le caractère du sujet, avec ses pulsions psychologiques successives, avec les temps et les saisons, mais aussi avec les trois grandes divisions de la temporalité fatidique (un temps, deux temps, un demi-temps). Et c'est naturellement dans le non-agir, quand le sujet a renoncé à vouloir et à désirer autrement qu'en termes de destin, qu'il peut enfin comprendre qu'il n'y a point de hasard qui ne le signifie et, partant, qu'il lui est possible de lire dans les signes la totalité présente et future de sa destinée.

« Rien, disait Schopenhauer, n'est absolument hasard, ou plutôt tout arrive nécessairement ; et, certes, la simultanéité même de ce entre quoi n'existe pas de rapports de causalité, cette simultanéité qu'on nomme le hasard, est une simultanéité nécessaire, puisque ce qui se produit au même moment était déjà comme tel déterminé par ses causes dans le passé le plus lointain. » Ainsi tout se reflète dans tout : toute chose a dans toute chose son écho, et à l'ensemble des choses correspond l'unité du miroir que nous sommes. « C'est par cela, disait encore Schopenhauer, que s'explique la rencontre en temps voulu des occasions et des circonstances importantes et décisives pour la vie des individus, et finalement même le fait des présages, dont la croyance est si générale et si profondément ancrée qu'il n'est pas rare qu'elle ait trouvé sa place dans les têtes les plus fortes. »

Mais il faut aller plus loin : de même que chacun est l'impresario secret de ses rêves, de même ce destin qui domine le cours de notre vie réelle vient aussi de quelque façon de cette volonté qui est la nôtre propre, mais qui cependant ici, quand elle se présente comme destin, exerce son action d'une région située bien au-delà de notre conscience représentative individuelle, laquelle ne fait que fournir les motifs qui dirigent notre volonté empirique, connaissable, notre volonté comme individu, cette volonté, qui conséquemment doit livrer les plus vifs combats à cette autre volonté nôtre qui se présente comme le destin, « cette volonté qui est notre génie, qui habite et a son siège dans les étoiles supérieures » (Schopenhauer). Le destin embrasse de loin le contenu de la conscience individuelle, et se montre par suite implacable à son égard. « Il dispose et fixe, à titre de contrainte extérieure, ce qu'il ne doit pas laisser à notre volonté empirique le soin de trouver et qu'il veut cependant qu'elle sache sans faute. »

2. Du principe du mal
ou de Diabolo

Diabolus

Personne ne craint le Diable, mais beaucoup de bonnes âmes s'apitoient sur son sort. La pitié qu'on a pour lui est sûrement l'un des traits les plus curieux de la religiosité contemporaine. Dans la mesure où l'on croit en lui, on prend son parti plus qu'on ne songe à l'éviter.

Cela date de loin. Déjà les mystiques arabes ne concevaient pas que Satan pût être éternellement supplicié et ils poussaient l'abnégation jusqu'à vouloir se sacrifier pour son salut, n'estimant pas, contrairement à ce que professaient les catholiques, que le bonheur des élus pût s'accommoder de la vue de souffrances éternelles, ni à plus forte raison, être augmenté par elles. Aujourd'hui je connais d'excellents esprits qui jugent aussi inconcevables l'enfer éternel pour les diables que les travaux forcés à perpétuité pour les criminels. Il s'agit peut-être là d'une attirance déguisée pour le mal, ou tout au moins d'une projection inconsciente sur l'archétype du réprouvé, de l'intérêt — souvent suspect — dont font preuve les hommes d'aujourd'hui pour les scélérats et les monstres. Il est naturel que le laxisme pratique devienne laxisme métaphysique aux époques où la conscience morale, et peut-être la Raison, sont en crise. Ou bien les hommes se sentent incapables de haïr vraiment le mal parce qu'ils sont eux-mêmes « mauvais », ou bien, ayant perdu toute foi en la liberté, ils estiment que nul n'est responsable du mal qu'il commet et que tous les criminels sont des sortes de « possédés ». Ou bien, enfin, mêlant indûment la raison humaine aux choses de la religion et cédant à un souci intellectuel trop étroitement anthropomorphique pour être vrai et convenir à l'Être divin, ils décrètent que la Justice ne saurait être un attribut de Dieu. Un catholique m'écrivait récemment que Dieu, *étant infinie bonté, ne pouvait pas se comporter en tortionnaire éternel.* En vérité, je vois mal comment il serait plus digne de Lui d'être un tortionnaire temporaire et de condamner à mort tant de créatures innocentes en les faisant périr dans les catastrophes sociales ou naturelles... D'autre part, la charité divine, pour infinie qu'elle soit, ne saurait s'accommoder du triomphe et du bonheur du méchant et il faut bien qu'elle développe une sorte de justice au moins compensatrice. Dieu est à la fois Rigueur et Grâce, comme le soutiennent les cabalistes et il faut qu'il en soit ainsi pour que la Grâce ait un sens. On sait que la Grâce n'est d'ailleurs possible que s'exerçant sur des hommes pour lesquels Jésus-Christ a donné sa vie — ou dans le dualisme cathare, par exemple, sur des hommes qui font partie de l'essence de Dieu... et par conséquent, sont toujours sauvés en puissance. Mais si la charité forçait un être tout mauvais à devenir bon malgré lui, elle ne serait plus charité mais rigueur et nécessité.

*
* *

La pitié pour les damnés part d'un bon naturel, mais elle me paraît témoigner surtout d'un obscurcissement de la tradition hermétiste occidentale qui mettait beaucoup mieux chaque chose à sa place. L'Éternité et la nécessité du Mal sont mal comprises, mais également l'impossibilité où est Dieu de faire le mal, même pour punir. Ce qui échappe ainsi à la conscience moderne c'est la relativité métaphysique du Bonheur et du Malheur. Il y a incontestablement une sorte de plaisir incompréhensible (aux élus) à faire le mal et à souffrir (à faire souffrir les autres et soi-même), mais cette volupté négative, Dieu ne peut l'infliger à personne et il faut bien que le criminel se l'inflige lui-même. Le châtiment, conçu comme une conséquence et comme inhérent au Mal lui-même, ne saurait être qu'auto-châtiment.

*
* *

Toutes les religions font une différence essentielle entre le Mal relatif — ce qui nous empêche (cf. Freud) d'obtenir l'Amour du Père — considéré comme un moyen en vue de l'obtention de biens à la fois illusoires et positifs, la richesse, la puissance, etc. et le Mal absolu tel que le représente l'Archétype du Maudit, qui ne poursuit que *l'anéantissement de l'Être* et l'élimination de tout bonheur. En tant qu'il représente seulement l'Archétype de tous ces méchants relatifs (méchants par ignorance, par faiblesse, par orgueil, par passion) et temporaires, le Diable du christianisme n'est qu'un pauvre diable qui ne coïncide pas avec l'amour exclusif du néant : il n'a pas été toujours tout mauvais — il a été créé bon — il a péché volontairement, et s'il a été bon il l'est sans doute resté, par conséquent il peut changer de volonté ; bref il nous apparaît comme « récupérable ». Que le Mal, la corruption dans lesquels il est tombé soient présentés comme occasionnels, que l'on attribue les causes « historiques » de sa chute à l'imperfection métaphysique de la créature (puisque Dieu ne peut pas créer un être égal à lui et que toute finitude apparaissant dans la manifestation est un mal) que l'on impute sa défaillance à cette imperfection, notre Diable apparaît surtout dans toute sa faiblesse — même quand cette faiblesse se pare d'orgueil luciférien, ou de beauté. Ce sont des causes finies — et en partie illusoires — qui ont amené sa chute, et on ne voit pas qu'elles appellent une punition infinie.

Ajoutons que les religions (la Bible, le Coran, etc., Lactance) dans les *Institutions divines,* lui donnent parfois un véritable rôle à jouer auprès de Dieu. Il est une sorte de ministre. Et dans les cas, comme chez Lactance, où il a été créé par Dieu en tant que principe (relatif) du Mal et ne peut que faire le mal, il est évident que sa responsabilité étant nulle en cette affaire, il n'a point de châtiment à subir. Que s'il en subissait un, il serait injuste. Le Diable n'est condamné qu'à être ce qu'il est.

L'existence d'un esprit créé par Dieu pour être le Mal paraît assez inexplicable à la conscience moderne mais également la persistance dans le Mal d'un esprit créé bon et devenu mauvais par suite de son imperfection même. A vrai dire le châtiment éternel est plus inexplicable encore que la corruption qui l'a amené. C'est pour cette raison que s'il n'est dit nulle part dans la tradition chrétienne que le Démon sera à la fin pardonné, on voit toutes les grandes religions faire preuve du moins de la plus grande indulgence à l'égard des hommes qui l'imitent ou pactisent avec lui.

Mais encore faut-il que ces hommes coupables manifestent qu'ils ont changé. S'ils ont changé, quels que soient les crimes commis, il est clair qu'ils doivent être pardonnés (s'ils se repentent de les avoir commis), pour la raison bien simple que leur nature qui avait été changée par le péché est maintenant transmuée — par nécessité, soit par Grâce, soit par l'effet mécanique des épreuves : les réincarnations par exemple, peu importe ici. De bons, ils étaient devenus mauvais, de mauvais, ils redeviennent bons (le bon larron : il ne s'agit plus du même homme). Mais pour le Diable, le père du péché, il semble que la plupart des religions d'aujourd'hui demeurent dans l'incertitude touchant ses possibilités de salut. S'il est vrai qu'il a été libre de faire le mal, il l'est sûrement resté de ne plus le faire. *Mais encore faut-il qu'il soit capable de repentir. Car il serait encore plus injuste de la part de Dieu, qui l'aurait créé libre, de le racheter en forçant pour ainsi dire sa liberté.* Cela n'équivaudrait-il pas à l'anéantir, puis à le remplacer par un être tout différent ?

Or il y a tout un courant de l'hermétisme occidental — et tout particulièrement du christianisme — qui semble admettre que pour libre qu'il ait été à l'origine, la corruption de Satan est devenue totale et définitive, qu'il ne peut plus revenir au Bien. C'est ainsi que pour Saint-Augustin, la dégradation ontique de sa substance — la « substantia mala » — sa « néantisation » est devenue définitive et irréversible. Sous ce rapport, le Diable *qui a commencé mais ne finira pas* ressemble beaucoup à celui du dualisme absolu *qui n'a pas commencé et ne finira pas.* Dès lors, il faut admettre aussi qu'il ne se repentira jamais. Il est devenu semblable au Satan qu'évoque Klopstock dans la *Messiade,* où on le voit mettre le Dieu du Bien au défi de lui pardonner et l'insulter même en accusant sa bonté d'impuissance. Ce Satan-là n'aspire qu'à l'anéantissement. Il se confond avec son véritable archétype qui est le Mal-Principe du dualisme absolu — *éternel et incréé.*

C'est le Mal-Principe qui à notre avis présente le plus d'intérêt. Mais, chose curieuse, l'idée que le Mal est une sorte d'absolu *qui n'a jamais commencé et ne finira jamais,* n'a été défendue en Occident que par les dualistes absolus (occitans et italiens). On admet plus facilement qu'il ne puisse finir.

Il n'y a rien de plus difficile que de définir le Mal qui doit demeurer, pour être le Mal, incompréhensible et ne contenir, pour être le contraire du Bien, aucune trace de *positivité.* Le Diable ne veut obtenir l'amour de personne. La définition donnée par les psychanalystes : ce qui empêche l'individu d'obtenir l'amour du Père, n'est pas plus satisfaisante que celle qui se borne à le situer dans la transgression d'un commandement divin. Et nous avons déjà montré que le mal ne pouvait pas être tenu pour le Mal absolu, s'il est perpétré en vue d'un bien, même si celui qui le fait *se trompe à la fois ou s'égare sur le but comme sur le moyen.* La transgression peut toujours être considérée comme un bien (la conquête de la liberté par exemple, le courage désespéré du vaincu, l'orgueil). La seule définition qui convienne au Mal éternel, c'est celle qui l'assimile à un non-être relatif et par essence contradictoire. Il faut en effet que le Mal soit quelque chose, car sinon il n'y aurait rien en présence du Bien et de l'Être, il faut aussi que le peu d'être qu'il recèle soit d'une part mal assuré sur lui-même, c'est-à-dire variable et chaotique, qu'il ne puisse se manifester qu'en mordant sur de l'Être — en le corrompant par exemple — et enfin et surtout qu'il ne tende *qu'à détruire tout l'Être et soi-même*. L'être du mauvais principe a été conçu par toute la tradition ésotérique occidentale comme l'existence dans le monde manifesté d'une pulsion de mort, *d'une agressivité pour la mort.* Exister, vouloir la mort de toutes choses et ne pas pouvoir mourir — ou mourir de ne pas mourir — est la contradiction suprême du Mal et somme toute son châtiment. Plus que l'homme le Diable est l'être pour la mort.

Il n'y a que le Diable qui puisse innocenter Dieu de toute volonté ou action maligne et le décharger de l'obligation de punir. Seul le dualiste italien Jean de Lugio est allé jusqu'au bout : il a bien vu, à notre connaissance, que le Diable était nécessairement auto-châtiment, qu'il représente l'unité profonde du Mal qu'on inflige et de la douleur que l'on en reçoit comme par un choc en retour et que cela dispense

Dieu de le punir. Naturellement, selon ces conceptions, le Diable ne veut pas se punir pour obéir à un sentiment de justice, mais parce qu'il est contraint d'obéir à la loi même du Mal qui ne trouve son véritable fond que dans l'identité de l'agressivité et du malheur... Le Diable n'est point heureux parce qu'il hait le bonheur, celui du moins qui résulte de la dilatation même de l'être.

On conçoit mal comment Dieu pourrait libérer l'esprit du Mal *de cette haine* du bonheur *et même du plaisir*, à laquelle il est condamné par essence : le Démon ne faisant pas le mal volontairement et ne pouvant pas connaître d'autre visée que celle qui le pousse à ruiner en lui toute notion de bonheur...

Et c'est ici qu'intervient une autre difficulté plus grande encore que celle qui tient à l'essence du Mal. L'activité du Mal ne se propose point de satisfaction qui ressemble au plaisir ou au bonheur tel que la plupart des hommes le conçoivent. Nous sommes ici dans l'irrationnel et l'incompréhensible : il faut renoncer à comprendre par quel mystère le Diable — et les hommes dont il représente la nature — trouvent une incompréhensible volupté à faire souffrir et à souffrir ; et nous ne perdrions pas notre temps à parler du Diable si les hommes ne ressemblaient pas au Diable sur ce point.

Les plaisirs des saints sont vraisemblablement incompréhensibles aux damnés qui ne voudraient à aucun prix de leur bonheur, mais réciproquement, les amères satisfactions des damnés sont strictement incompréhensibles aux saints. Le plaisir que prendraient les saints à voir souffrir les damnés est une sottise, et même si — sur le véritable plan de l'être — les joies des élus sont infiniment supérieures à celles de l'enfer, il est évident qu'il faut être dans le camp de Dieu pour le savoir et le sentir. Il ne suffit d'ailleurs pas de savoir qu'un plaisir est plus vrai qu'un autre pour que le possédé ou l'énergumène renonce à celui qui est faux. Il n'est pas besoin d'être un diable pour éprouver qu'en certains cas, et même dans l'enfance, nous nous entêtons par orgueil ou folie à préférer à tout, notre malheur et la douleur, et ce que nous savons n'avoir pas d'existence. La véritable bonté de Dieu consiste en ceci qu'il laisse les maudits faire ce qu'ils veulent... Dans le camp de Dieu, les élus ne connaissent-ils pas d'ailleurs, le plaisir de souffrir par amour ! Tout cela revient à dire qu'il y a une sorte de *volupté qui se situe au-delà du plaisir et de la douleur,* qui n'a rien de commun avec l'une et l'autre, et que l'imagination de l'homme se situe volontiers dans un être à demi néantisé, c'est-à-dire peu conscient, *instantané,* frénétique et enraciné dans la violence. Les phénomènes érotiques nous en donnent une image suffisamment approchée.

Ce qui prime la douleur, c'est la volonté de puissance, l'acharnement, le délire ou la frénésie. Le Diable est l'archétype de ce que deviennent les hommes eux-mêmes lorsque possédés par la passion ou la folie, ils ne vivent plus dans la durée, mais dans un présent toujours renouvelé, sans lien avec ce qui le précède, sans au-delà... Le Diable ne peut parler qu'au présent et il est sans mémoire — le Diable toujours au présent, présent au présent indéfini, et non pas comme Dieu présent à l'Éternité. La rage, la haine, il n'y a que cela qui le renouvelle... les pulsions à l'état pur.

Nous retomberons toujours sur l'éternelle question liée aux divers degrés de l'Être : pourquoi y a-t-il des réprouvés et pourquoi des élus ? Que pourrait bien signifier pour les uns et les autres un prétendu choix de l'un ou l'autre de ces états, alors qu'il est évident que lorsqu'on a été enfermé une fois dans l'un d'eux, on ne saurait ni comprendre, ni sentir, ni imaginer l'autre et qu'on ne pourrait choisir qu'après les avoir connus l'un et l'autre. Ce qui n'est pas possible. Les petits pécheurs ne connaissent ni la plénitude du Bien — c'est-à-dire de l'Être — ni les abîmes du Mal — c'est-à-dire les délices d'exister dans le néant, à l'état second.

Nul ne peut démontrer à un forcené, à un possédé, qu'il se trompe, et encore moins que son intérêt est de « parier » pour l'ordre du Bien. Le pari, le choix, a été fait de toute éternité. Cette raison même le déterminerait, contre toute raison, à persister dans sa fureur négatrice. La menace même de l'anéantissement le pousserait davantage encore à la révolte, puisqu'il aime mieux ne plus être plutôt que de se soumettre et qu'il préfère le Néant à l'Être. Disons plutôt que son essence même est déjà la marque de l'envahissement de l'Être par le Néant...

Tout est bien ainsi. Dieu n'inflige à personne ni le bonheur des élus ni celui des réprouvés, peut-être sa seule rigueur est-elle de ne pas accorder l'anéantissement à ceux qui l'appellent de leurs vœux — vérité que la sorcellerie du Moyen Age avait découverte en faisant fond précisément sur le Dualisme éternel de l'Être et du Néant... Pour ceux qui ont fait un pacte avec le Diable : l'existence chaotique est censée ne devoir jamais finir, ni la révolte contre l'Être, ni l'ivresse de l'agressivité et de la destruction. Bien loin de supporter d'insupportables souffrances, les démons jouissent désespérément du mal qu'ils font et de celui qu'ils subissent dans un mode d'être situé entre le réel et l'illusoire, entre la vie et la mort, dans un perpétuel émiettement de l'éternité...

Ils sont heureux d'un bonheur exécrable que les élus leur envieraient peut-être s'ils le connaissaient, c'est-à-dire s'ils étaient eux-mêmes des démons. C'est donc une sottise que de se représenter les diables comme des anges faits comme les autres et à qui Dieu enverrait des châtiments à subir, pour ainsi dire de l'extérieur, et qui pourraient cesser. Cela serait doublement absurde : absurde, parce qu'en effet le vrai Dieu ne dispose pas du Mal pour en frapper ses ennemis, absurde également parce que le mal que l'on subit est, comme nous l'avons dit, nécessairement fonction du mal que l'on fait...

C'est pourquoi il est dit dans l'Évangile de Jean, qu'à la fin des temps le Démon sera rejeté dans les ténèbres extérieures, c'est-à-dire hors des limites de la sphère de la manifestation, là où il n'y a que nuit absolue et néant. Il n'est point puni autrement : il est livré à lui-même qui est tourment.

Nul ne pourrait se garantir de la possession diabolique si Dieu ne le libérait pas, c'est-à-dire ne l'empêchait pas d'être attiré par le Mal. Et naturellement tous ceux qui, nés de la substance divine, n'ont péché que par faiblesse, ne peuvent être restaurés que par le même coup de force que l'on appelle Grâce divine... et en recevant cette fois l'impeccabilité. Mais après tout, Dieu est peut-être bien cela : une toute puissance telle qu'il lui est possible de remettre tout être, à tout moment, au niveau de *son choix intemporel*. Dieu est antérieur à sa propre éternité et c'est dans le Futur éternel que se situe son commencement. (Éternité = passé éternel, mais aussi futur éternel, alpha et omega, oméga et alpha).

Pour le reste, il serait impossible à l'homme total avec toutes ses pulsions contradictoires, sa déraison et sa raison, de choisir entre l'Être et le Néant, la douleur transmuée par la haine et la douleur transmuée par l'amour, entre la condition angélique et la condition démoniaque — si *la foi*, d'ailleurs incompréhensible en elle-même, ne l'éclairait pas. Et s'il n'a pas la foi, s'il ne croit pas au Transcendant, ni en Dieu ni au Diable, qui pourrait lui reprocher de penser et d'agir selon sa raison, en niant l'un et l'autre... et d'être un Diable sans le savoir.

Quand nous venons au monde, le pari est fait. Tout est joué. Nous sommes dans le domaine des conséquences. Croire en Dieu c'est sans aucun doute miser sur sa Toute-puissance, qui ne passe ni par notre raison, ni par notre finitude, mais nous détruit, vraisemblablement, dans l'instant où elle nous sauve.

Si nous ne sommes pas déjà en Dieu, nous ne pouvons pas être sauvés. Ceux qui sont réprouvés n'ont jamais été en Dieu. Si nous avons la foi et l'espérance, c'est que nous sommes déjà sauvés. Reste qu'il y a quelque chose d'effroyable à imaginer que la suppression du Mal n'est point pensable, du moins par notre raison.

Nous ne pouvons pas savoir dans quelle mesure la conversion d'une créature à Dieu exprime le point d'aboutissement d'une causalité, ou au contraire implique le renversement complet de cette causalité. On se réveille un saint ou on se réveille un démon.

3. Le mal et le châtiment
(Livre d'Hénoch)

Le mal qu'on fait à autrui, c'est à soi-même qu'on le fait. Le châtiment n'est pas extérieur à la faute : il en est la conséquence nécessaire, il est de son essence, il en fait partie. Il est donc inévitable selon la loi divine, que les méchants soient malheureux, ici-bas ou dans l'au-delà. C'est pourquoi les vieilles traditions juives — dans le Livre d'Hénoch, par exemple — font une grande différence entre les pécheurs qui ont mené une vie heureuse et ceux qui ont été persécutés par d'autres pécheurs ou se sont repentis et ont fait pénitence. Les méchants qui ont subi leur punition sur la terre souffriront moins aux Enfers !

C'est à une idée toute semblable que se rattache la loi du talion de Moïse qui tend à faire partager au bourreau le destin de sa victime ; et même les théories réincarnationnistes qui, d'une façon plus métaphysique, mettent le méchant, dans une autre vie, à la place du juste qu'il a fait souffrir.

On voit combien les conceptions modernes de la justice — celles de la fin des temps ! — s'écartent de la loi divine et combien elles sont impies. Nos juges, en acceptant que le pécheur, *non repenti et non repentant*, soit heureux — et ce, sous les yeux mêmes de sa victime, sans qu'il se préoccupe le moins du monde de réparer, quand il le peut, le mal qu'il lui a fait, et sans que les lois l'y contraignent, se font les complices de l'iniquité.

Nos beaux esprits affectent d'assimiler à une sorte de basse vengeance la volonté de laisser le mal se punir lui-même, alors qu'elle a pour principe l'ordre divin qui a posé de toute éternité que la nature du péché — inhérent à la transgression — enveloppe nécessairement son châtiment, ne fût-ce que pour éviter que le droit et le pouvoir de châtier ne soient attribués à Dieu, et que, par conséquent, ce mal — car le châtiment est un mal — ne lui soit imputable. Le méchant est *le seul auteur de son châtiment, sinon il ne serait pas l'auteur de sa faute.* Il est normal qu'il ne puisse pas se supporter lui-même, et parfois, se punisse.

C'est seulement par le repentir que le pécheur devient un autre homme, et par conséquent, mérite, en droit, l'indulgence absolue. Jésus sauve le bon larron qui est devenu « un autre » ; il ne sauve pas le mauvais qui persévère dans sa nature maligne. La justice de la fin des temps, en pardonnant à ceux qui ne se repentent pas et ne sollicitent nullement son pardon, parce qu'ils sont des démons et des révoltés éternels, prend le parti du mauvais larron et de Satan.

Une classification des destinées posthumes

D'après le *Livre d'Hénoch* « Les âmes des hommes se rendent après la mort dans un séjour spécial : à l'Occident, dans les cavités d'une grande et haute montagne ». Cet enfer est divisé en quatre sections :
1) La section des justes martyrs.
2) Celle des autres justes.
3) La section des pécheurs qui n'ont subi aucune punition.
4) Celle des pécheurs qui ont été persécutés par d'autres pécheurs (différents de ceux qui se sont repentis et ont fait pénitence).

« Il n'y a qu'une catégorie d'hommes qui ne ressusciteront pas : ceux de la quatrième section.

Les pécheurs qui ont souffert ici-bas resteront en effet dans cette première demeure de l'au-delà pour y subir une peine plus douce que les pécheurs qui furent heureux sur la terre. »

Livre d'Hénoch, **XXXVI**.

4. *La conscience du néant*

Les êtres pénétrés de finitude et privés de conscience réfléchie — les animaux, les plantes — sont murés dans un néant dont ils ne peuvent sortir. Leur état naturel est une sorte de sommeil. Il semble que la conscience soit apparue chez l'homme pour cerner l'idée de néant et pour en expulser la réalité (négative mais toute puissante). Bien loin d'être une pseudo-idée, l'idée de rien, le néant comme beaucoup de philosophes l'ont soutenu, prend assez de réalité dans la conscience pour permettre à l'homme de distinguer ce qu'il est de ce qu'il n'est pas et surtout de *s'opposer à ce qu'il n'est pas*. Car enfin, il peut toujours dire en présence de tous ses états illusoires : « Je ne suis pas cela » ! Que signifierait le doute cartésien s'il ne tendait pas à nous convaincre que, de quelque façon, le rêve, l'imaginaire, les sensations ont moins de réalité que la pensée qui pense l'Etre ? Je ne sais pas si le péché originel — et Heideggerien — consiste à accepter la finitude, mais il me semble qu'il tient au moins au fait de ne point condamner le néant qui se révèle en nous. C'est pourquoi il se développe en l'homme un sur-moi (au sens freudien)[1] qui inculpe et pénalise le néant, c'est-à-dire ce que nous croyons être, ce que nous voulons parfois être et que nous ne sommes pas, en l'occurrence le mensonge et les pulsions de mort.

C'est sous ce rapport que la conscience paraît être née du conflit de *l'Eros* en tant que tendance à l'unité (et à la dilatation de l'être) et de l'*Agressivité* en tant que tendance à la mort et à la destruction. Il y a en nous un moi qui non seulement, en certains cas, utilise le néant pour atteindre des buts qu'il croit être des biens positifs, et se trompe évidemment car ces biens ne sont qu'illusoires (« Je ne voulais pas le tuer mais lui prendre son auto ! »), mais qui, lorsqu'il participe à l'absolu du mal, peut devenir capable d'exterminer *même l'idée de bonheur* en poursuivant l'*anéantissement de toute existence et la sienne propre.* Aussi tous les hermétistes occidentaux ont-ils essayé de promouvoir un sur-moi, tenu pour plus authentique que le moi, et capable de le « libérer du mal » — entendez le néant et l'appétit de néant — en l'éclairant. C'est là, sans nul doute, l'un des fondements du dualisme. Certes il est difficile d'admettre que la tentation du Bien et la tentation du Mal, radicalement antagonistes, puissent avoir la même cause. « L'une mène à la vie, disaient les vaudois monistes, l'autre mène à la mort. » « L'une vient du vrai Dieu, disaient les cathares, meilleurs logiciens, l'autre procède d'un Principe malin éter-

---

[1]. Le sur-moi comme progrès de la conscience, comme affirmation de l'être face au néant.

nel. » Mais de toute façon, que l'on tienne ce mauvais principe pour éternel ou pour indéracinable de la manifestation, ou qu'on le réduise à un principe secondaire et relatif, il est bien certain que l'unité de l'homme ne peut s'accomplir que lorsque celui-ci a au moins expulsé de sa conscience ses pulsions cosmiques et substitué au dualisme universel un dualisme intérieur à l'ego où le sur-moi réussirait si bien à chasser tout néant de la conscience privée qu'il la remplacerait absolument en l'attirant à lui ou en la transmuant.

Je ne connais rien de plus cathare que la conclusion de *Malaise dans la civilisation* de Freud [1] : « *Maintenant il y a lieu d'attendre que l'autre des deux "puissances célestes", l'Éros éternel, tente un effort afin de s'affirmer dans la lutte qu'il mène contre son adversaire non moins immortel.* »

---

1. *Malaise dans la civilisation,* de Sigmund Freud. Bibliothèque de psychanalyse. Presses universitaires de France, Paris, 1971.

5. *La Terre*

L'Arcane —
La Terre est vouée au Temps et à la Destruction
Elle est vouée au Néant et à la Mort
Elle est une aventure du Mal

Toutes les étoiles du ciel, tous les regards vitrifiés du cosmos épient ce point de néant, cette planète maudite qu'est la Terre. De tous les corps célestes elle est la seule dont le Mal ait réussi à s'emparer par hasard, par ruse ou par violence, comme un pirate s'empare d'un navire, ou aujourd'hui d'un avion. De cette aventure toute son histoire témoigne, tous les mythes, toutes les religions qu'ont inventés ses habitants, ses monstrueuses créations avortées, cette évolution tâtonnante et trébuchante (mauvaise en elle-même parce qu'elle est temporalité, succession, échecs et ratés) où c'est surtout le Mal, le Néant, qui réussit à se penser, à devenir quelque chose, à dominer l'Être... Les punitions dont elle est frappée, les déluges, les pluies de feu, il faut être aveugle pour ne pas voir qu'ils expriment, au moins en termes mythiques, l'impossibilité où est l'humanité dans son ensemble et finalement, de faire autre chose que le Mal. Tout homme qui, par l'imagination, se met à la place d'un observateur — à l'occasion de quelque nouveau mythe : les extra-terrestres, les soucoupes volantes — a honte pour elle. Si, en effet, l'on examinait la Terre du haut de Mars ou de Saturne, elle apparaîtrait comme une cuve pleine de rats ou de scorpions occupés à s'entre-détruire, et l'action des « Bons » s'y montrerait comme très négligeable. L'humanité est visiblement faite pour se détruire elle-même. S'il y a un Dieu, on s'étonne même qu'il ne l'ait pas déjà détruite ; à vrai dire, elle ne saurait être détruite que par les hommes.

Il est vrai qu'il est prophétisé que Dieu la détruira ou qu'il laissera Satan et les hommes la détruire eux-mêmes [1]. Puisqu'elle est au pouvoir de Satan, elle lui restera comme un enfer. Dans le système de Dante, Satan, enchaîné, occupe le centre de la terre — c'est-à-dire le centre du cosmos tel qu'on se le représentait alors — on s'étonne que cette vision n'ait pas frappé davantage les imaginations... Tout ce cosmos de lumière et au milieu, le point noir du Mal, le ver dans le fruit.

Le manichéisme, c'est le monde de l'innocence (l'innocence inconsciente de la matière) ou le monde de la pureté angélique momentanément, temporairement souillé par ce point néantisé où l'Être a été corrompu par le Mal... jusqu'à ce que tout rentre

---

1. Mais c'est la vision de l'ordre dernier. En vérité, Satan ne paraît nullement enchaîné...

dans l'ordre et que la Terre soit rendue à son néant, et l'Esprit, captif, étranger à la Terre, enfin libéré.

Sans doute l'optimisme des religions a joué abondamment. Si la Terre est la planète du Mal, elle est aussi celle du choix, de la liberté... Elle est aussi le théâtre d'une sorte de rédemption. Un Dieu est obligé de se sacrifier pour la sauver, ce qui suffit à montrer combien elle est aliénée. Sans doute d'autres systèmes consolateurs prolongent à l'infini le destin évolutif de l'homme, ne croient pas à la fin de la Terre, mais parlent de cycles, de transformations, de purification même de la matière. Ils tiennent à collaborer avec Satan, ce sont là des idées faciles, très à la mode... On ne peut pas empêcher les hommes de se consoler ainsi à peu de frais. Avec tous ces beaux systèmes, ils n'en deviennent que davantage les esclaves du Mal (car il ne suffit pas de dire que tout a toujours été comme ça, étant donné son évolution l'homme devrait être meilleur que ce qu'il est ; et s'il n'a pas changé, en réalité, il est devenu plus mauvais [1]). Ils adorent l'évolution — c'est-à-dire ce qui manifeste le mieux les résistances que Dieu rencontre dans l'accomplissement de son œuvre de libération — et la très grande puissance de l'irrationnel, du Mal et du hasard. Et Dieu se trouve dans la nécessité de pactiser, de s'accommoder, comme la police traite avec les pirates...

En vérité, les vraies philosophies — y compris un certain christianisme — montrent toutes que l'évo-

---

[1]. Comme si ce n'était pas assez de l'âge actuel de la Terre pour mesurer l'évolution objective — celle de la science et de la puissance par exemple — et la nullité des progrès moraux accomplis.

lution finira mal pour la Terre qui sera détruite, et pour l'humanité physique (c'est-à-dire l'humanité terrestre) qui périra aussi. S'il y a des élus, des sauvés, ce sont les gens qui ne sont pas de ce monde, qui n'ont rien à voir avec la Terre et qui quitteront cette nef sombre qui va flamber, comme le navire qui va couler... Le catharisme croyait que la Terre serait transformée en enfer, l'enfer exclusif, par Satan — quand toutes les âmes l'auraient quittée. Le christianisme orthodoxe fait émigrer dans une Terre nouvelle les élus. Les plus pessimistes pensent qu'il y aura peu d'élus... et l'aventure terrestre se sera ainsi soldée par une véritable catastrophe spirituelle. Les plus optimistes, ceux qui pensent que le salut pour l'homme consiste à rompre avec la condition humaine et à adhérer à l'Esprit impersonnel et divin (gnosticisme, catharisme, bouddhisme) — ou à reconnaître au prix d'une longue ascèse que le moi humain est identique au Soi divin — sont également ceux qui croient que ce monde n'est qu'une sorte d'illusion dont il importe de se déprendre, ce sont eux les vrais transfuges de la Terre.

La Terre est vraiment la planète maudite, portant la marque soit de l'intelligence limitée dans le temps d'un démiurge, soit des résistances qu'il a opposées dans le temps à l'œuvre divine dont l'évolution — satanique en elle-même — ne peut que se terminer dans le désordre et dans la mort. L'attachement à la Terre telle qu'elle apparaît chez certains êtres est la marque même de la domination que le Mal et le Néant exercent sur les âmes. La Terre sera détruite par les méchants certes — car Dieu ne punit pas [1] —

---

1. Ce que les hommes souhaitent inconsciemment par obéissance au Néant et au Mal : faire sauter leur planète, c'est

et par une sorte de nécessité découlant du Mal lui-même... mais afin aussi que soit effacée la souillure infligée à l'Être par le Néant et que Dieu recouvre, dans l'éternité, sa Toute-puissance et son immobilité.

---

aussi ce qu'exige la Justice divine. D'où le salut individuel, exceptionnel, par rejet du destin global de l'humanité, ce qui signifie que l'homme ne peut être sauvé que s'il se sépare de l'humanité comme de la Terre — quitte en vertu de sa purification même, à se dévouer ou à se sacrifier, « Je ne suis pas de ce monde, et je viens sauver ce monde » (J. Christ), mais la séparation est première.

6. *La douleur*

Le diable n'est pas puni du mal qu'il fait par des souffrances infligées : il est à la fois le crime et le châtiment. Il vit dans la douleur comme dans son élément propre. Et il préfère la douleur au plaisir. Il ne peut certes pas imaginer le bonheur des élus, mais les élus ne peuvent pas eux non plus se faire seulement une image des jouissances désespérées qu'il éprouve, et dont cependant quelques réprouvés subissent ici-bas la tentation.

Dans la mesure où l'homme est soumis à la puissance du Démon et où il l'incarne d'une certaine façon, il participe à la douleur voluptueusement. Et en raison de sa double nature il la change en volupté. On ne fera jamais trop consister en la douleur le mystère et le néant de l'homme. C'est elle qui représente l'Arcane majeur. De même que l'homme très pur est capable de transformer en bonheur la douleur morale, en l'acceptant par amour pour celui ou celle qu'il aime plus que lui-même, de même, sur le plan diabolique, il parvient à ressentir la douleur physique comme une jouissance, s'il laisse déborder en lui le flux satanique. Le plaisir sexuel était à l'origine un interdit douloureux. C'est l'influx malin qui a permis à l'homme de surmonter cette douleur par un excès de vitalité et de force. D'où le caractère instable, même chez l'homme, de la volupté. Il suffit que le mâle retourne à la faiblesse, soit sous l'effet d'une maladie, d'une blessure, ou de la vieillesse, pour que le plaisir sexuel retombe dans l'atonie ou dans la douleur. Et le Diable qui lui, parce qu'il est néant où moins être, ne peut jamais sortir de la douleur, après avoir enseigné à l'homme à métamorphoser le mal en volupté en exaltant en lui la force de son essence physique, ne manque jamais de le désespérer, à la fin, en l'amenant à constater que le plaisir retombe à l'atonalité. Cela est surtout net chez les femmes, dont il développe ainsi l'avidité sexuelle en rendant leur jouissance instable et parfois insaisissable... Car la douleur s'installe mieux dans la conscience que la volupté.

Sans aucun doute le Diable a essayé — en ce qui concerne l'espèce humaine — de lever les interdits douloureux imposés par Dieu. « Tu enfanteras dans la douleur. » Voici que les femmes n'enfantent plus dans la douleur. Les biologistes ont cru remarquer que les femelles animales sont d'autant plus dévouées à leurs petits qu'elles ont souffert en les mettant au monde. Les mères d'aujourd'hui sont parfois moins instinctivement maternelles que leurs ancêtres, et en certains cas, d'une insensibilité absolue à leur égard.

Mais c'est surtout dans le domaine sexuel que l'on constate l'action du mauvais principe. La fin de l'homme pour ceux qui adhèrent à l'ordre du Mal, c'est de ne trouver de jouissance que dans le mal infligé et de plaisir que dans le mal ressenti. *Le masochisme et le sadisme, tels que les modernes le définissent, ne sont que des manifestations bien imparfaites du véritable sado-masochisme satanique.* Cependant, on constate aujourd'hui l'apparition *de véritables possédés du Démon* — bien que ni la science officielle, ni les exorcistes ne les reconnaissent pour tels — les terroristes, par exemple, qui réussissent à coïncider presque absolument avec leur maître, c'est-à-dire à le révéler le mieux possible, *en éliminant absolument toute idée d'espérance ou de bonheur, en faisant tous leurs efforts pour détruire, et en se détruisant eux-mêmes*. « Le jeune garçon de vingt ans qui abat un banquier qu'il ne connaît pas et qui se suicide tout de suite après. » Car tuer pour le plaisir serait encore un plaisir positif s'il restait au possédé une marge de temps pour en jouir... Le Diable et les possédés du Démon [1] sont à la recherche d'une jouissance qui ne serait ni le bonheur ni le plaisir et dont l'orgasme serait réellement le néant.

Sans l'environnement de l'Amour — où l'amant préfère l'autre à lui-même — sans l'imaginaire — auquel seuls accèdent les individus qui disposent du temps de l'Être — les humains *néantisés* ne peuvent ressentir que la douleur d'autrui et la leur, le plaisir sexuel lui-même s'affaiblit. C'est pourquoi les possédés du Démon ne peuvent plus situer la volupté dans leur temps interne qui est détraqué, ni dans un état d'oubli. C'est la violence qui remplace alors

---

[1]. La possession diabolique — la maladie de l'inconscient collectif dont parle Jung.

l'Amour, le plaisir de violer... S'ils tuent leur victime, ils réalisent mieux encore la finalité satanique. Car *le plaisir du Diable, c'est de supprimer l'être.*

*
* *

Une recherche désespérée de la volupté mène les hommes à se souvenir, par intuition, qu'elle n'est qu'une modification de la douleur. Ils essaient de saisir le point mystérieux où la douleur devient plaisir. C'est sans doute le but que poursuivait le Marquis de Sade. Il n'y a ni plaisir, ni douleur, mais seulement volonté de transcender la douleur en tant qu'elle constitue un interdit ou une punition. La science supprime la douleur partout où elle le peut. Mais les techniques du passé permettaient de saisir le passage de la douleur à la volupté sur un mode absolument analogue à la volupté sexuelle. La disparition d'une vive douleur musculaire sous l'effet de massages habiles aboutit presque à un paroxysme de plaisir comparable à l'orgasme. Les mécanismes montés par la nature pour assurer cette transformation allant s'affaiblissant, il est normal et inévitable que l'humanité aille vers l'insensibilité érotique, non sans avoir épuisé tous les moyens en son pouvoir pour en ralentir le déclin.

7. *Homo*

Descartes dit quelque part : « Dieu mène tout à sa perfection, tout *collective*, non pas chaque chose en particulier, car cela même, que les choses particulières périssent, et que d'autres renaissent en leur place, est une des principales perfection de l'univers ». Le destin individuel des hommes est incompréhensible si l'on ne fait pas entrer en ligne de compte leur appartenance à la collectivité humaine absolue, c'est-à-dire *l'ensemble des humains vivants ou morts, disparus ou à naître*. Et ce fut en effet l'un des arcanes majeurs de la Sagesse traditionnelle de considérer l'Homme dans sa totalité et non point les hommes dans leur diversité et leur succession, soit en n'attribuant aux individus qu'une existence de mode, soit en réduisant à rien la réalité individuelle pour ne retenir que celle des principes dont ils sont la manifestation temporaire, soit en enfermant la totalité des existences individuelles dans un être unique — l'Adam de la Bible qui devient ainsi l'Adam-Kadmon — ou dans un *Réparateur*, à la fois temporel et éternel, Jésus-Christ, le nouvel Adam, l'archétype du monde occidental comme disait Jung. Pour Fabre d'Olivet l'homme n'est rien s'il n'est pas l'Humanité tout entière. Et je ne suis pas sûr que la Religion de l'Humanité d'Auguste Comte ne soit pas fondée sur la *consubstantialité* de tous les hommes, bien que celle-ci ne puisse pas être démontrée en termes positivistes...

Elle n'est évidente qu'aux yeux de l'homme de foi. Mais si on la nie, la destination de l'homme devient à peu près inexplicable ainsi que son salut ou son rachat. On voit mal quelle signification pourrait avoir *le sacrifice d'un Dieu*, ni comment son incarnation pourrait affranchir les mortels de leur néant existentiel et moral. Ne suffit-il pas d'entendre Jésus-Christ nous révéler lui-même que *tous les hommes ne sont qu'un*, et nous manifester cette *unité surnaturelle*, notamment dans l'Évangile de Jean où il nous enseigne qu'il est venu sur la terre pour rassembler en lui tous les hommes, pour les assumer dans la communion de l'amour ?

Il est nécessaire que le saint fasse contrepoids au criminel et peut-être que le saint soit le même que le criminel. C'est ce que postule la théorie des réincarnations qui imagine que le bourreau prendra, dans une autre existence, expiatrice, la place de sa victime. Mais la théorie des réincarnations ne fait que transposer chronologiquement ce qui se passe, en réalité, sous des espèces mystiques, dans l'univers présent. Il y a tous les jours des millions d'êtres qui se vautrent dans la cruauté et se souillent de toutes les turpitudes ; il y a tous les jours des millions d'innocents qui souffrent les tortures et la mort injustement. C'est cette injustice qui en vérité rétablit la justice. Si les innocents ne souffraient pas injustement, les crimes des méchants seraient inexpiables, et s'il n'y avait pas une communion incompréhensible des méchants et des saints, les méchants ne pourraient en aucune façon recevoir leur pardon. Tous les hommes circulent et s'échangent dans l'Humanité. Et n'y aurait-il qu'un saint, celui-ci suffirait à sauver tous les autres et à faire la preuve que *l'Humanité est bonne, en dépit de son néant*, et qu'elle est tout entière là où il y a un homme. Et l'on comprend aussi que Jésus-Christ ait révélé ce qui était de toute éternité la loi de l'homme. Le mal souffert *injustement* est l'expiation du mal commis par d'autres. Mais les uns et les autres s'équilibrent et *sont le même homme*. En réalité une partie de l'Humanité se sacrifie à l'autre. Et le Christ a sanctionné et réifié en sa personne la réalité de ce sacrifice, en réunissant en lui tous les hommes.

*
* *

J'ai beaucoup de difficulté à croire à la survie de mon âme individuelle. Je ne m'appartiens pas, mon destin est si nécessairement lié à celui des autres que je n'ai aucune réalité que celle qui appartient à l'Humanité considérée comme un tout organique. Non seulement je dépends de ceux qui m'ont donné le jour, mais aussi de ceux qui m'aiment ou que j'aime, de ceux qui me haïssent et que je hais, de ceux que je fais souffrir ou qui me font souffrir, de ceux qui m'utilisent et de ceux que j'utilise. Et, ce qui est plus important encore, je ne puis être

« sauvé » que dans la mesure où j'aide les autres à se sauver, où je prends à mon compte leurs péchés, et dans la mesure aussi où la pureté et les bonnes actions des autres hommes me rachètent de mon propre néant. Je suis inextricablement mêlé au Tout de l'Homme.

De sorte que si tout n'est pas fini après la mort, ce n'est pas mon moi individuel que je retrouverai, mais le Grund inépuisable de l'Humanité tout entière. Non point ma conscience limitée, ni mon inconscient privé, mais la conscience indéfinie et l'inconscient collectif de milliards et de milliards de générations d'hommes. Je ne sais s'il y a une survie, mais je vois clairement que si elle existe, elle ne saurait être que la coexistence de toutes les tendances à l'être ou au néant qui se sont manifestées depuis l'origine de l'Humanité et se manifesteront jusqu'à son extinction : l'enfer y est mêlé au ciel, et l'identité personnelle confondue avec celle de tous les individus dont j'ai traversé l'existence ou qui ont traversé la mienne. L'âme ne s'y reconnaîtrait pas et, comme l'enseigne le Bardo Thödol, serait épouvantée par les apparitions de cet inconscient collectif, et assistée par la communion des saints.

Est-il possible que lorsque l'Humanité aura disparu de la surface du globe tout redevienne comme si elle n'avait jamais été ? Une telle accumulation de causes et d'effets, d'énergies spirituelles ou matérielles n'aura-t-elle été qu'un phénomène sans lendemain. Et surtout, si ces énergies sont de l'ordre de la nature et liées à tout, peuvent-elles ne pas durer indéfiniment ? Les lois de leur évolution — qui semblent parfois obéir à une sorte de finalité ou de progrès échelonnés sur des milliards d'années — vont-elles aboutir brusquement à une impasse ? La mort de l'homme total, de l'Adam Kadmon, laisserait dans l'univers un vide inexplicable, parce que ce sont des *convergences vers l'unité* qui se trouveraient ainsi anéanties, et des lois ou nécessités éternelles.

Le véritable archétype du monde occidental c'est Jésus-Christ, parce qu'il a révélé aux hommes qu'en Lui ils n'étaient qu'un. Son éternité est le gage que l'Humanité, au moins en tant qu'elle est dessein divin, est éternelle elle aussi. Sa personne absolument totale, comprenant à la fois l'enfer à racheter ou à compenser et les élus à sauver, établit l'unité substantielle de tous les hommes et leur présence réelle — distincte et pacifiée — et la fonde dans l'Etre absolu.

Le Christ est ressuscité. Il est ressuscité, cela est certain — *avec tous les hommes qu'il attire à lui*. Et je crois que l'Humanité est déterminée, dans son essence, à se penser sous les espèces de cette grande âme collective. Mais, me dira-t-on, est-elle déterminée à penser cela parce que le Christ existe, ou a-t-elle imaginé le Christ sauveur parce qu'elle ne conçoit son salut que dans l'Unité de l'Esprit et de la Vie ? C'est là tout le problème et il me paraît insoluble.

Il faut parier. Pour ma part je m'abandonne à cette immense présence de l'Homme, à ce tourbillon d'énergies et de puissances spirituelles, de ressemblances et de nécessités, de causes et d'interactions, dont je suis assuré que je fais partie indissolublement, et *dont je ne puis pas cesser de faire partie*... C'est cela que le Christ nous a enseigné... Et je parie pour la survivance indéfinie, parce qu'il ne m'est pas possible de penser que les lois qui ont suscité l'apparition de l'Humanité (non point la mienne propre qui n'est rien) sont simplement historiques et que leur raison d'être n'est inscrite que dans le temps. Si l'unité de l'Humanité n'étais pas *substantielle, réellement vécue* — de l'un à l'autre et de la mort à la vie — comment l'individu pourrait-il seulement penser et réaliser en lui les contradictions de sa Totalité et devenir ce qu'il n'est pas en tant qu'être limité ?

8. *Que l'humanité est un seul homme*

Qu'un Dieu se soit sacrifié pour sauver les hommes, c'est là une croyance qui choque la raison, et surtout qu'il ait suspendu sa toute-puissance pour s'offrir en victime. Pourquoi ne s'est-il pas opposé à la subversion satanique par amour pour nous, pourquoi n'a-t-il pas arraché sa proie à Satan et à la mort ? Cela avait embarrassé certains penseurs de l'Antiquité et du Moyen Age. S'il ne détruit pas les démons, suggérait Peire Cardenal, c'est qu'il n'en a pas le pouvoir. C'était également l'opinion des dualistes absolus qui soutenaient que dans le temps le Dieu du Bien ne pouvait pas déployer sa toute-puissance et qu'il ne la recouvrait que dans l'éternité. Une autre idée est exprimée dans *l'Evangile de Nicodème* qui paraît plus profonde : Dieu est justice, il ne peut pas se montrer injuste, même à l'égard du Démon. Pour récupérer l'humanité perdue, il faut donc qu'il lui offre une compensation. Sinon c'est Lui qui serait trompeur. Mais on voit mal pourquoi la Divinité serait ainsi obligée de composer avec l'Adversaire et de respecter la loi des voleurs. Et d'autre part, le « sacrifice » demeure en lui-même assez incompréhensible. En réalité Jésus-Christ ne se livre pas pour toujours à la mort : il vainc la mort. Il n'offre au Diable qu'une compensation provisoire, et même en un sens trompeuse puisqu'en définitive, par son sacrifice, il vainc le Diable. De sorte que même pour ceux qui croyaient que Jésus-Christ avait souffert des douleurs véritables et était réellement passé par la mort, le sacrifice n'avait été que provisoire, enfermé dans le temporel et dans l'Histoire, et dépourvu de toute efficacité dans l'éternité, sinon par un inexplicable transfert du temps à l'éternité. Et si ce sacrifice n'a une telle valeur que parce que celui qui l'a fait était Dieu, pourquoi n'a-t-il pas utilisé sa qualité de Dieu pour imposer sa volonté. C'est ce qui explique que les dualistes aient préféré admettre que le sacrifice de Jésus-Christ ne s'était déroulé *qu'en apparence* et que par conséquent le rôle du Sauveur n'avait consisté qu'à montrer aux hommes comment ils pouvaient et devaient se sauver. Le Christ devient homme pour montrer de quoi l'homme est capable. Mais précisément l'Homme total, la somme des hommes infiniment réincarnés, et non point l'individu qui, privé de son épaisseur d'Humanité, n'est qu'un moment de lui-même. Dans un monde soumis à la subversion satanique, il était utile de faire luire la vérité et de prouver par l'exemple que si les créatures du vrai Dieu étaient toujours vaincues par le Démon dans ce monde-ci qui lui est soumis, il n'en était pas de même dans les perspectives éternelles où c'est au contraire le Mal qui est toujours vaincu. Le Démon condamne l'homme à souffrir et à mourir. Mais le vrai Dieu lui assure la libération et l'éternité heureuse.

*
* *

Une autre interprétation s'est fait jour de bonne heure chez des théologiens plus profonds, qui a le mérite de concilier un certain docétisme cathare avec le réalisme métaphysique plus spécifiquement catholique. Cette interprétation a pour point de départ l'Évangile de Jean ou elle est formulée — ou plutôt suggérée — avec insistance.

Elle consiste à mettre en lumière cette incontestable vérité de fait qu'*en réalité une partie de l'Humanité est toujours sacrifiée à l'autre*. Il y a, à tout moment, un nombre très considérable d'hommes et de femmes qui sont torturés, suppliciés, mis à mort injustement, et par ailleurs un nombre aussi considérable d'hommes et de femmes (peut-être exactement le même, qui sait ?) qui supplicient, torturent et mettent à mort. Sans doute ne peut-on pas parler d'un sacrifice volontaire des bons aux méchants — mais plutôt d'une nécessité, d'une loi qui pourrait passer pour l'œuvre d'un mauvais principe, obligeant *une moitié de l'Humanité à massacrer l'autre*. (D'autant plus que les victimes des méchants sont eux-mêmes, parfois, des méchants et que du seul point de vue de la raison, ils ne deviennent pas « meilleurs » du fait qu'ils ont été injustement mis à mort.)

Il n'en reste pas moins que les souffrances subies par tant d'hommes et de femmes constituent le seul témoignage que l'Humanité puisse donner de sa relative dignité. Les victimes et les bourreaux sont *indissolublement liés*, même quand ils ne se connaissent pas. Les souffrances des uns constituent les crimes des autres, mais les crimes des méchants sont, en un certain sens, rachetés par les souffrances des victimes.

Je sais bien que les rationalistes ne me suivront pas dans ce raisonnement : il n'y a aucun rapport, diront-ils, entre les bourreaux et leurs victimes. L'Humanité est un émiettement d'individus, elle n'est pas une et ne forme pas qu'un seul immense individu où l'on pourrait parler d'une sorte d'équivalence des bons et des mauvais et même du rachat des mauvais par les bons et, par conséquent, d'une sorte de sacrifice.

Mais c'est cela que l'hermétisme occidental a précisément exploré et explique. Sans rappeler ici l'idée formulée par les cathares que l'ordre du monde instauré par le Diable tournait toujours par la force des choses et par l'effet de la surabondance d'être du vrai Dieu à un ordre salvateur (la loi des réincarnations par exemple ou le sacrifice objectif des bons aux mauvais), la plupart des sages occidentaux ont pensé que l'Humanité était composée d'individus issus du même père et par conséquent tous frères, que le rapport établi entre criminels et victimes était substantiel — même si la raison n'en voit aucun entre les massacreurs et les massacrés — et que le même rapport s'établit entre l'assassin et la victime et entre tous les assassins et toutes les victimes. Abel et Caïn constituent le symbole de cette divergence initiale qui a séparé les hommes en méchants et en bons, comme s'il ne fallait pas seulement qu'ils fussent opposés, mais que leurs crimes ou leurs bonnes actions fussent réversibles en vertu de leur origine commune. Le meurtre d'Abel damne Caïn, mais empêche aussi que l'Humanité soit tout à fait mauvaise, et par la force des choses, même s'il n'en tire pas une raison de se repentir ou de s'amender, Caïn se ressent nécessairement de l'excellence de l'Humanité manifestée en Abel. La seule raison qui empêche Dieu d'anéantir complètement l'Humanité comme un seul homme, c'est qu'elle se manifeste tout entière dans un seul homme qui, s'il ne se sacrifie pas au sens strict, est cependant immolé à l'Homme.

Pour les cabalistes tous les hommes — les morts, les vivants, les générations futures — sont contenus dans l'Adam Kadmon, et cela substantiellement, de sorte que tout se passe comme si, de par les actions individuelles, le même homme était capable et responsable de faire le Bien et le Mal, à la fois innocent et coupable. Cette idée a cheminé jusqu'à nos jours mais s'est évidemment laïcisée et a perdu toute signification véritable chez un Fontenelle ou chez Auguste Comte. Elle n'a conservé sa valeur originelle que chez Fabre d'Olivet.

Il est certain que les Écritures ont insisté maintes fois sur le fait que l'existence d'un seul juste [1] suffit à contrebalancer celle des méchants et à leur épargner l'extermination, mais tout se passe aussi comme si cette loi de compensation était observée par les entités célestielles quand elles descendent sur la Terre. La naissance de Jésus-Christ est payée — on ne l'a pas assez remarqué — par le massacre des innocents, et ces enfants qui sont bien des innocents sont sacrifiés au principe du Mal. Leur sacrifice objectif double en quelque sorte celui de Jésus-Christ ou plutôt en révèle la signification qui, si les cathares ont vu juste, ne serait point sacrificielle mais exemplaire. Le massacre des innocents n'a aucun sens ou ne témoigne

---

1. Il est vrai que souvent c'est ce seul juste qui est sauvé.

que de l'absurdité du monde mauvais, mais la mort volontaire du Christ lui donne un sens en rappelant que c'est vraiment toute l'Humanité qui se divise en deux, les fils d'Abel et les fils de Caïn — pour que l'une se sacrifie à l'autre et assume la destination véritable de l'Humanité.

C'est pourquoi, sans doute, la plupart des penseurs ont essayé de conférer à la mort des victimes le caractère *d'une souffrance partagée avec les méchants*, soit sur le plan de la justice, en infligeant, sur cette terre même, aux criminels le même traitement qu'ils ont infligé aux bons (talion), soit, dans l'au-delà, en imaginant que les bourreaux et les victimes sont interchangeables, donc les mêmes, et que dans une autre existence, les bourreaux deviennent à leur tour les victimes. Indépendamment du rôle purificateur joué par les réincarnations, il est certain qu'elles tendaient à faire de l'Humanité un seul et même personnage aux actes divers et contradictoires.

Mais le Principe du Mal a tellement habitué les hommes à se murer dans leur individualisme qu'ils ne comprennent point facilement que le mal qu'on fait à autrui c'est à soi-même qu'on le fait, ni que les bons soient responsables, en tant que membres de l'Humanité, du mal commis par les méchants, ni que les méchants puissent être pardonnés — à moins qu'ils n'appartiennent de toute éternité à l'ordre du Mal — en raison des mérites des bons.

Il semble dans l'Évangile de Jean que le message du Christ n'ait pas seulement une valeur d'enseignement. Sans doute, ce qui y est révélé c'est que l'homme est son prochain et même son ennemi, et qu'il doit l'aimer. Commandement qui serait absurde s'il ne supposait pas l'identité de moi avec toi et ne rappelait pas que l'homme est encore capable de s'aimer lui-même *quand il fait le mal*. Sans doute le Christ a-t-il voulu rappeler expressément que *les choses se passent ainsi dans la réalité*, bien que l'on ne le sache pas. Le sort de l'Humanité, sa raison d'être peut-être, depuis le péché, c'est que les bons y soient persécutés par les méchants, et finalement les méchants sauvés par le surcroît d'humain qui est chez les bons.

Mais le Christ — ce que n'ont pas vu les cathares — a rendu sensible l'unité vivante, concrète de l'Humanité, en l'assumant lui-même substantiellement [1]. son action a été réelle, il a dit aux hommes : « Vous n'êtes tous qu'un », mais vous n'êtes qu'un qu'à cause de moi qui suis l'Adam primitif, l'Adam-Kadmon, la substance vivante et éternelle de l'homme. Autrement dit, l'unité de l'Humanité est un fait (métaphysique), mais elle n'est pensable que par l'intervention du Christ et par l'Amour.

*
* *

Je ne sais si l'Évangile de Jean représente la vérité, mais je sais bien que s'il n'y a pas concentration métaphysique de tous les hommes en un, le salut de tous paraît bien difficile à tenir pour possible. Nous ne pouvons être sauvés que par les autres et en sauvant les autres. L'immortalité, même si on la tient pour strictement individuelle, paraît difficile à admet-

---

[1]. Il n'avait qu'à devenir homme pour laisser le destin de l'Humanité s'accomplir en lui.

tre, comment pourrions-nous la mériter ? Elle le serait moins, s'il était assuré que nous sommes pris dans un grand être, toujours renouvelé et éternel (au moins dans l'idée que Dieu s'en est faite). L'Homme total représente un phénomène métaphysique d'une telle ampleur, d'une telle complexité, d'une telle importance qualitative, il est si bien lié au macrocosme que l'anéantissement de cette grande idée paraît, au fond, assez improbable, et qu'il n'est guère possible, à moins que tout soit absurde (ce qui n'est pas exclu), que tout cela soit comme si cela n'avait jamais été et qu'il n'en demeure rien. Et si elle subsiste éternellement, c'est avec toutes ses nuances, toutes ses facettes engagées dans tant de raisons et de causes elles-mêmes éternelles, par conséquent avec tout ce qui, de chacun de nous, est être et non point néant. Si nous existons dans un Tout et en fonction de ce Tout, comment serait-il possible que nous en fussions jetés dehors (le Diable seul est rejeté dans les ténèbres extérieures parce qu'il n'a pas été créé par Dieu et qu'il n'est que néant). Nous ne sommes immortels que dans une Humanité immortelle.

Si l'Humanité n'est pas elle-même une sorte d'immense sacrifice des uns aux autres, si l'Humanité n'est pas, de quelque façon, un seul être vivant, divisé contre lui-même mais capable de se pardonner à lui-même, il faut reconnaître que son histoire n'a absolument aucun sens. Les guerres, les massacres, les génocides ne peuvent qu'entraîner légitimement celui qui ne croit pas à l'Adam-Kadmon à n'éprouver que mépris pour l'homme et désespoir en ce qui concerne son avenir. Car pour lui la réversibilité jouera à l'envers. En présence des crimes commis par les hommes, il reconnaîtra qu'ils méritent mille fois d'être exterminés et que, somme toute, s'il n'y a pas substantialité métaphysique et solidarité, les bons sont aussi mauvais que les méchants, et ne doivent qu'aux circonstances de n'avoir pas été eux-mêmes des méchants. Et naturellement, les sociétés communistes qui semblent se ressentir de conceptions du même ordre, ne peuvent que réaliser la caricature de l'Humanité annoncée ou révélée par Jésus-Christ et ne sauvent pas l'homme de l'anéantissement.

9. *Faire du mal à autrui, c'est faire du mal à soi-même*

Faire du mal à autrui, c'est faire du mal à soi-même. Pour qui n'est pas mû par l'amour de l'Être suprême (oubli de soi, identification avec l'être de l'autre) c'est le seul fondement possible de la morale. Si les hommes en étaient convaincus, aucun d'eux ne ferait le mal volontairement.

Psaume 34 : « Le mal tuera l'impie. » (22).

Hesiode, *Les Travaux et les jours*, 265-266 : « La pensée mauvaise est surtout mauvaise pour qui l'a conçue. » 2 (266)... « C'est contre soi-même qu'on prépare le mal préparé pour autrui. » 1 (265).

Les hommes ont essayé de faire coïncider pour le méchant le mal et le malheur en le punissant sur cette terre : talion, diverses formes de châtiment... justice immanente (le vice détruit la santé, en réalité un mal s'ajoutant à un mal) et dans l'au-delà :

1) Faire le mal « néantise » : théorie augustinienne et cathare, théorie des degrés de l'être, corruption de l'être. A condition que l'on soit ainsi fait que l'on préfère l'être au néant, la vie à la mort.

2) Châtiment de l'enfer : pour Satan le mal est malheur et auto-châtiment (malheur non purificateur). Car s'il y a des hommes qui préfèrent le néant à l'être, il n'en est pas qui préfère la souffrance au plaisir.

3) Les réincarnations : on se confond avec l'être de celui que l'on a fait souffrir — identification du meurtrier avec sa victime.

a) Corollaire : si l'on ne pardonne pas à celui qui fait le mal on fait soi-même le mal et on le partage avec lui. *Le pardon comme conséquence de l'Arcane.*

b) Corollaire : pardonner c'est rétablir la justice en obligeant le coupable à assumer seul le malheur du mal.

c) Corollaire : la coïncidence du mal et du malheur peut rendre l'homme vertueux sans que la liberté ait à intervenir. Mécanisme pur. (Catharisme des dualistes absolus.) D'ailleurs il y a ambivalence — La grâce augustinienne, on fait le mal parce qu'on est puni, on est puni parce qu'on fait le mal.

d) Corollaire : la justice immanente frappe souvent *les plus purs* — impossibilité de supporter le mal (remords, suicide, maladie) ou impossibilité de faire le mal.

10. Cartulaire du pharisien

Trouverions-nous la vérité, elle nous semblerait banale, puis elle nous détruirait. La vérité n'est jamais consolante, sauf par le style qu'on lui ajoute, et il serait sans doute plus original de ne pas croire à ce qu'on croit. Pour l'homme tout commence et finit à l'étonnement, c'est pourquoi il n'espère qu'en ce qui résiste à la réduction et à l'usure.

Nous constatons en nous-mêmes et partout la présence de l'être corruptible (*qui tendit ad nihilum*, comme dit saint Augustin) ; nous nous faisons, d'autre part, une certaine idée de l'être incorruptible. S'il était assuré qu'il y eût des degrés dans l'être, l'existence de Dieu serait assez probable. J'appelle le suprême Etre : Dieu. Il ne sait sans doute pas qu'il existe, mais nous le savons pour lui.

Du moment que l'être a jailli — ou jaillit *ab aeterno* — du néant, tout, absolument tout, et même l'absurde, est possible : le passage incompréhensible du néant à l'être implique tous les miracles. Dieu n'est pas le Tout-puissant mais le Tout-possible.

Il y a de l'être et de l'esprit dans le monde : les nôtres. C'est dans la mesure où nous comprenons que ni cet être ni cet esprit ne sont les nôtres que nous pouvons croire en l'existence d'un Etre suprême.

Plus près du néant que de l'être, plus près de l'être que du néant : l'*Imagination* universelle.

Beaucoup de possibles sont réalisés dans le Cosmos, qui, de ce fait, ne sont plus des possibles. Ils constituent le Destin, c'est-à-dire l'ensemble des choses et des événements qui, ayant été, ne peuvent plus ne pas avoir été, et qui demeurent actifs dans leurs conséquences. Sous ce rapport l'univers est une histoire fossilisée. Mais il reste une infinité d'autres possibles qui jouent dans la disponibilité du monde à venir et que les « lois » ne rejettent qu'après coup dans l'éternel passé. Sous ce rapport l'univers nous propose une morale de fable : un coup de dés a des conséquences infinies *qui ne sont plus aléatoires*.

Le Diable est le portrait le plus exact — un peu flatté cependant — que l'homme, en tant qu'il préfère le néant à l'être et qu'il adhère avec volupté au temporel et au Passé, ait jamais tracé de lui-même. Il serait paradoxal qu'il existât, sinon par hasard, par intermittence, et sur fond d'humanité, comme en creux.

Il y a un Hasard absolu, mais aussi pour la raison qui considère la nécessité comme la meilleure garantie de notre essence, un Anti-hasard. Rien ne prouve que l'Anti-hasard ne soit pas sorti du hasard par hasard. Peut-être n'exprime-t-il, comme le destin, avec lequel il se confond, que l'ordre dépassé qui s'établit toujours dans ce qui est devenu irréversible.

Nous parions nécessairement pour le Hasard ou pour l'Anti-hasard. Chacun, en cette affaire, suit son tempérament, obéit à sa caractérologie propre. Il y aurait de la naïveté à se faire un mérite de sa prétendue liberté de choix. On ne parie jamais sur les seules raisons.

Comme de nombreux possibles ne sont réalisables que par — et dans — une destinée humaine, en laquelle ils passent nécessairement, l'homme s'imagine qu'ils dépendent de sa volonté libre. Il veut : cela signifie qu'il *s'attend fermement* à ce qu'un de ces possibles devienne réalité par son intermédiaire. Le volontaire est toujours un *médium*. Et les possibles que nous refusons dans notre cœur ne s'en accomplissent pas moins.

J'appelle temps la mesure de la corruption universelle. Il est le mouvement de ce qui existe, *à l'intérieur du Passé*, ou, si l'on préfère, la désagrégation, toujours au passé, de l'existence. Le temps ne peut pas s'échapper du prétérit. Le futur qui va devenir du passé *a toujours été du passé*. C'est pourquoi l'on ne peut que constater dans ce qu'on est devenu, et l'on est toujours donné à soi-même dans ce qu'on n'est plus.

Le Futur authentique n'est pas l'à-venir, mais ce qui en aucune façon ne saurait advenir et, par conséquent, ne peut pas être submergé par le Passé. C'est un futur indéfini ou éternel que nous repoussons, à tout instant, comme un cœur mal greffé : il n'a d'existence que dans l'image inadéquate que nous nous en faisons. Dieu est le Seigneur de ce Futur absolu qui n'« arrivera » jamais.

Bien qu'il soit aussitôt happé par le Passé, l'instant est perpétuel franchissement. En ce qu'il permet une échapée « verticale » dans l'Imaginaire sans dimensions, il est libérateur. Il peut se dilater à l'infini sans interrompre la fuite « horizontale » du temps mesurable qu'il survole et laisse passer, comme l'arche d'un pont laisse couler la rivière. Aussi bien l'arche s'en va-t-elle à reculons.

C'est dans l'instant que la plupart des hommes exercent leur liberté feinte, qui ne peut « avoir lieu » que dans cette envolée *de temps imaginaire* aussi illusoire qu'elle.

C'est en lui, également, que de la part de l'Etre authentique — et par ailleurs inconnaissable — nous est signifié d'avoir à tenir pour néant la totalité de ce que nous sommes ou plus exactement de ce que nous venons d'être : « Tu n'es rien de ce qui vient de passer par toi ! »

Ce sont les philosophes du pari : les Socrate, les Pascal, qui ont le mieux connu l'homme. Celui-ci, en effet, est déterminé par son caractère à parier soit pour l'être, soit pour le néant. S'il parie pour l'être, il se découvre le devoir de porter au plus haut degré d'être possible son existence vivante, en la purifiant, autant que cela est en son pouvoir, du néant qui entre en composition avec elle.

Si au contraire, il parie pour le néant, il se voue, *ipso facto*, à la possibilité d'infiniser dans un présent perpétuel les voluptés inhérentes à la temporalité et à l'illusoire.

On peut changer de vocation en cours de route : les détours font partie de l'itinéraire imposé.

On n'est pas plus heureux dans un cas que dans l'autre : les plaisirs de l'enfer sont aussi incompréhensibles au saint que ceux du paradis au damné. Et pour pouvoir comparer ces deux destins contraires, il faudrait les avoir vécus en même temps, refermés sur eux-mêmes sans futur et sans espérance.

N'étant guère que négativité, les hommes ne sont capables que de négation. Ils rejettent d'eux *ce qui est* et font confiance à *ce qui n'est pas*. Quelques-uns, cependant, sont prédestinés à nier ce qui doit être nié, c'est-à-dire le néant qu'ils sont. Ils se rapprochent quelque peu par là de l'Être suprême qui est la *Négation* (fondée sur l'être) de *toutes les négations* (fondées sur le néant).

Les uns s'affranchissent du Mal ; les autres, du Bien. La libération authentique consisterait à se détacher de la vie par amour de l'être. Mais nul ne peut être sauvé de l'existence personnelle que par une sorte de Grâce. On ne se libère pas, on est libéré.

Être absorbée dans l'Imagination universelle équivaudrait, pour la conscience finie, à se perdre dans le non-être. Il n'est guère vraisemblable qu'un « moi » posthume puisse être inclus à la fois dans le destin passéisant et dans le Tout-possible.

S'il reste prisonnier de son destin, il n'est qu'un « fantôme » (existant au passé et en mode illusoire). S'il se trouve mêlé aux métamorphoses toujours futures de l'être, il n'est plus un « moi » ; et, de toute façon, l'*homme nouveau* que nous portons en nous, au dire des théologiens, annule l'« ancien », le seul que nous reconnaissions pour nôtre et que nous aimions.

Rien n'est. Tout est passé. Reste le Tout-possible.

11. Mythologies sans cœur

Le néant, logiquement antérieur à tout, n'est rien d'autre que la finitude provisoire des êtres. Pourvu qu'il entre en contact, pour parler métaphoriquement, avec une conscience limitée, il agit sur elle avant d'être quelque chose. Il est suscité comme cause par ses effets. Il est « cause » que les individus épris de temporalité souhaitent d'être submergés par lui ; en vérité, ils ne peuvent pas s'imaginer autrement que submergés. Leurs cœurs ne battent *que dans des intervalles néantisés,* dans l'attente de ne plus être.

Tandis que le Dieu éternel voit toutes les choses coexister et ce qui doit finir comme étant déjà fini, Satan prend la création à l'envers, commence par la fin, remonte le temps de sa chute, pratique le « compte à rebours ». Il veut croire que ce qui est fini n'est encore que ce qui doit finir et il s'installe dans ce temps de répit, qu'il refuse cependant comme délai de grâce. C'est lui qui dilate infiniment l'instant qui fuit. « Laisse-moi le temps et je te rendrai tout ! ». « Je t'ai déjà tout rendu », devrait-il plutôt dire à son Dieu, car il est déjà dans l'ombre de la mort. Et s'il voyait loin, il ne se trouverait plus.

Il ne s'en exalte pas moins dans l'incompréhensible différence que Dieu lui-même est obligé de prévoir entre ce qui, *n'ayant jamais été, n'est pas,* et ce qui, *ayant été, n'est plus.* Il est et n'est pas.

L'homme est semblable au démon qui ne peut pas dire « maintenant ». Comme lui, il prend ses rêves à l'envers — puisqu'ils commencent où ils s'achèvent — et il loge son existence entre deux pulsions de néant. En revanche, il dispose du singulier pouvoir de faire consister la signification de sa destinée indifféremment dans l'acte qui la commence ou dans la pensée qui la termine. Nous ne sommes présents qu'à ce qui n'est plus.

Les bonnes âmes osent s'adresser directement à Dieu ; elles le cherchent et le trouvent, ne faisant pas toujours réflexion que leur Double inconscient, qui a tous les pouvoirs mais ne s'en dessaisit que rarement en leur faveur, doit, s'il se révèle brusquement, produire tout l'effet d'un dieu.

Tel croit parler à Dieu qui, sans le savoir, ne parle qu'à soi-même ou à Lucifer. Car j'ai toujours pensé, avec beaucoup de sages d'autrefois, que notre monde était surtout l'enjeu — s'il est permis de s'exprimer par mythes — d'une lutte sans espoir entre Lucifer et Satan. Ce n'est pas Dieu qui combat contre Satan — il est bien au-dessus de cette mêlée —, c'est Lucifer. S'il est peu croyable qu'il y ait deux dieux, il est certain qu'il y a deux diables ennemis en une seule personne. Notre ciel est *couvert;* couvert par le grand vacarme d'ailes ténébreuses que font Lucifer et Satan aux prises l'un avec l'autre.

Ce qu'on appelle assez improprement l'orgueil luciférien, c'est la glorieuse exaltation de l'être dans le temps. « Aimez ce que jamais l'on ne verra deux fois. » Lucifer tombe, tombe sans fin, et il ressent ce vertige, cette accélération de sa chute, dans laquelle il s'installe, comme une ivresse panique — il nous la communique —, qui pourrait bien aussi l'entraîner — et nous entraîner — le Haut état comme le Bas — vers les sommets suprêmes.

Le Mal et le Bien ne sont clairement définissables qu'en termes de durée. Les philosophes néo-manichéens — Émile Lasbax, par exemple — sont restés attachés à l'idée, pas tellement naïve, que le Bien, c'est la vie infiniment dilatée ; le Mal, la contraction, l'attraction, l'individu. Il me paraît, tout au moins, que le Mal force le Bien à sortir du Mélange, à se manifester, *à devenir transcendant*. Le Bien n'a qu'à attendre l'éternité pour contraindre le Mal à se perdre dans ses conséquences. Il l'incline à la longue à se nier ou à s'annuler lui-même, *à se changer en malheur*. « L'éternité ne peut pas être noire », disait Victor Hugo (dont on ne vous oblige pas à partager l'optimisme).

Le Mal fait peut-être bien naufrage avec le temps. On trouve la même pensée dans *Le Chevalier à la peau de tigre*, de Chota Roustaveli :

« Dieu n'engendre que le seul Bien ; jamais il ne fait naître le Mal.

Il réduit le Mal à l'instant et le Bien reçoit la durée. »

Corollaire : le méchant est déterminé à croire que le Mal seul *peut tenir à l'aise* dans le temps, il a juste le temps de respirer le Mal, qui est court.

On est damné parce que l'on fait le mal. On fait le mal *parce qu'on est damné :* l'envers vaut l'endroit.

Le Mal est une « nature » comme une autre, un règne de feu.

Nous passons à vive allure. Mais un monde de coexistences et de lenteurs nous entoure, nous retient quelque temps dans le déjà-vu, dans la brève mémoire du présent.

Pour se souvenir il faut être deux et mourir d'être seul. Pour être deux, il faut se souvenir et mourir d'être l'autre. La marge de coexistence ne varie guère. Les choses qu'on oublie n'en existent pas moins et se souvenir c'est s'ajouter au souvenir.

La Nature, fragilement, édifie d'eau et de lumière des fleurs tranquilles, des tissus que déchire le vent et qui s'envolent. Elle tire des ténèbres les couleurs chimériques dont elle pare les papillons, les oiseaux. Elle les introduit aussi dans des rêves mortels où les corps n'ont plus d'ombre. Le blanc — la neige, les draps — se salit : *la pureté elle-même devient corruptrice.* Puis, c'est l'insomnie des choses : les mots des couleurs, les idées des mots, la pensée viscérale. Seules les ténèbres restent les ténèbres, l'épaisseur du monde « arriéré », le souvenir immédiat, un instant figé.

La chair apporte l'oubli de tout, *équilibre tout.* Elle est l'évidence absolue, le présent et l'imaginaire tout à la fois, la platitude inespérée du Bonheur.

Et cela d'autant plus triomphalement qu'il n'y a pas de présent.

Création continuée, pulsions de temps : soit ! Mais si Dieu suscite, recommence chaque fois ces images ; s'il veut qu'elles se renouvellent dans le successif, pourquoi sont-elles toujours gauchies par le néant, de plus en plus éloignées de leur ressemblance et infidèles à leurs archétypes ? Entre les élancements de l'éternité, il y a la corruption. Entre deux pulsations divines, le néant n'est pas neutre : il bat lui aussi. Pourquoi Dieu ne veut-il — ne peut-il — créer dans le néant de la temporalité qu'une *ressemblance qui s'use ?*

Avec l'existence éternelle de Dieu, les premiers matériaux de son œuvre — la création semble bien avoir été successive — ou une matière (la *materia invisa* préexistante dont parle le *Livre de la Sagesse*), qu'il n'aurait pas créée, demeurent toujours en coexistence. Si, comme l'imaginent les théologiens, il a donné la liberté à ses créatures, celles-ci ont donc reçu de lui le pouvoir, ou plutôt la possibilité, de s'installer à tout jamais dans cette matière arriérée, chaotique et perpétuellement temporelle, et, si elles le veulent, de s'y maintenir indéfiniment en rébellion contre lui, préférant le néant relatif de la vie à la plénitude terrible de l'Être. Que si Dieu, par un châtiment catastrophique, met fin à leur aventure, c'est qu'il ne les a pas voulues libres.

Les rochers supportent fort bien le poids des ans ; les monstres désordonnés celui de la vie monstrueuse. Les hommes ne sentent pas plus le poids de l'être que la pesanteur de l'air. Pourtant l'être les écrase. S'ils ne s'en allégeaient pas dans la nuit, dans le rêve, dans l'imaginaire et en faisant la bête, de temps à autre, individuellement ou à deux dos, ils deviendraient fous de se sentir exister. En elle-même l'existence est angoisse ou douleur. Impossible, si l'on ne rêve pas endormi, de passer plus de trois jours sans rêver éveillé, c'est-à-dire de ne pas se confondre à une hallucination. Et si l'on est absolument privé de tout imaginaire — brut ou artificiel — on étouffe. Le surréalisme, ingénu ou savant, est nécessaire à la vie de l'esprit : il fait oublier qu'on pense avec un cerveau pesant et gras, qu'on *est* ce cerveau.

L'homme s'est réfugié dans la vie — laquelle est un mélange d'être et de néant — parce qu'il ne peut pas subsister dans l'être : il n'a accès qu'à l'existence « fantomatique ». Il doit se protéger par un corps de passé et de sommeil, par l'oubli, l'inconscience, l'émotion, et par des rêveries plus ou moins érotiques ou poétiques, *contre l'immanence de l'Être.*

On vieillit quand on ne rêve plus. Et l'on meurt de ne plus rêver (la mort tarit et suscite en même temps un immense rêve instantané). Avant d'être un passage au néant, la mort est un passage à l'Imaginaire.

« Socrate n'est pas sa nature, l'ange n'est pas son être. *Nulla creatura est suum esse* », disait saint Thomas.

L'arbre secoue la pluie, mais toujours au passé. Lui aussi voudrait bien être son être.

Laisse donc l'invisible dévorer le visible ! L'homme circule dans l'immensité de l'homme : les recommencements sont superflus.

La nature, dont l'essence est de se dédoubler, s'est créé des yeux — elle est littéralement mangée d'yeux — par le pouvoir qu'elle a de *s'imaginer vue.* Son premier regard fut une volonté obscure de se donner à voir en chacune de ses apparitions privées où elle est à la fois le spectacle et le spectateur. Aussi ne voyons-nous jamais que ce qu'elle a vu avant nous : il y a un visible invisible comme il y a une lumière noire.

Voici un phénomène mal étudié : il arrive parfois quand nous dormons, les yeux fermés, que nous voyions la réalité qui est devant nous — notre chambre, par exemple ; le paysage dans la fenêtre — comme nous la verrions si nous avions les yeux ouverts. Cette vision, assez mystérieuse et semblable au rêve, dont il m'a été donné de faire plusieurs fois l'expérience, n'a été prise en considération, dans le passé, que par Schopenhauer. Elle paraît procéder du même grand regard naturel et idéoplasmateur qui imagine, de l'intérieur, ce qui est à voir. Nos yeux ne voient que ce qui est déjà vu autrement : ils voient une vision élaborée ailleurs comme telle. Qu'un petit dérangement se produise dans l'appareil sensoriel, et peut-être verrions-nous *aussi* ce qui n'entre pas dans le champ du regard physique.

Nous ne sommes visibles nous-mêmes que par notre participation à *cela* qui voit sans yeux et qui aspire à toujours plus *d'extériorité*. La Nature — coexistence étalée — veut être « une autre », ne fût-ce qu'en passant à l'image. En chaque œil qui la voit, elle est son propre sosie.

Tout le monde sait qu'un certain papillon d'Amérique — celui qui émerveillait André Breton — prend l'apparence visible, mais qu'il ne saurait voir, d'un serpent, pour effrayer l'oiseau qui, sinon, le dévorerait. Le spectacle est ici pour l'oiseau, mais c'est l'insecte qui l'offre. C'est en l'insecte que la Nature se donne, partiellement, à voir ; c'est par l'oiseau qu'elle se voit ; c'est aussi à l'oiseau qu'elle fait voir ce qu'elle voit. Dans l'insecte la Nature élabore invisiblement ce qu'elle « veut voir » ; dans l'oiseau, elle le voit avec des yeux visibles. *Les deux actes sont le même.*

Si, comme le pensait Spinoza, une motte de terre s'enveloppe d'une sphère de conscience, d'une idée, pourquoi l'événement — une catastrophe de chemins de fer, par exemple — quand même il serait découpé par l'homme et pour l'homme, ne se doublerait-il pas, lui aussi, d'une tendance propre à être perçu comme tel ?

Il y a entre la chose vue et celui qui la voit une liaison nécessaire et par conséquent préétablie (du moins par rapport à nous). On ne voit que ce que l'on doit voir, c'est-à-dire une infime partie du Visible, et toute apparition (qui, pour se produire, doit évidemment être vue) *fait partie du destin d'un voyant*. Ce n'est jamais par hasard qu'un spectacle, réel ou fantomatique, s'offre à nous. Aussi, pour peu que nous soyons lucides, ne le saisissons-nous jamais que sous la catégorie de l'Imaginaire ou du Fatidique. Le voyant est l'envers de l'apparaissant : *ce qui est vu fantomalise celui qui voit*.

Ils disent qu'un événement s'est produit par hasard quand il a été amené par une infinité de séries causales indépendantes qui se sont rencontrées. Indépendantes ? Qu'en savent-ils ? Ils prennent leur imagination pour la mesure de toutes choses, mais la minutieuse toute-puissance de la nature ne saurait être imaginée à l'œuvre, ni prise sur le fait. Pourquoi toutes les causes diverses issues du fond des temps, n'auraient-elles pas le même point d'origine ? La simultanéité des faits qui ont lieu à un moment donné s'inscrit dans une coexistence unique et nécessaire où il n'y a point de détails, où tous les faits ont même importance et où notre conscience même, qui découpe l'événement majeur, ne jouit d'aucune autonomie ni d'aucun privilège : nous sommes *ce qui nous arrive*. C'est pourquoi, à l'occasion des variations de temporalité, assez inexplicables, où nous vivons parfois un futur qui n'est pas encore (en réalité : un faux futur qui n'est que passé à venir), nos pressentiments sont souvent liés à des détails en apparence insignifiants. Telle grande passion s'annonce par une odeur insistante de forêt germanique. Telle catastrophe, par la mort d'un petit animal familier. Il y a un plan, celui du « futur à venir », où les choses et les événements n'ont pas encore eu le temps d'arriver jusqu'à leurs images, et où ils sont *ce qu'ils signifient* avant *d'être ce qu'ils sont.*

A en juger par la façon dont elle opère, la Nature « préfère » toujours (parlons par image !) l'emboîtement des générations les unes dans les autres à l'Unicité permanente ; l'infinité des consciences successives et éphémères, à l'infinité consciente. Elle n'a point voulu réaliser l'*Adam Kadmon,* l'Adam que Fabre d'Olivet appelait le « règne hominal » (l'homme conçu abstractivement : « La masse générale de tous les hommes qui composent, ont composé et composeront l'humanité. ») Cette masse ainsi conçue comme un seul être, vivant d'une vie propre, universelle, qui se particulariserait et se réfléchirait dans les individus des deux sexes — car Adam est mâle et femelle — n'existe malheureusement que dans les rêves des philosophes mystiques ou, paradoxalement, dans la religion de l'Humanité d'Auguste Comte.

Aucune religion, que je sache, n'a osé faire l'hypothèse que la survie individuelle pourrait bien être assurée par *ressemblance* et non point par *identité-continuité.* Rien ne montre mieux combien nous sommes attachés à notre identité particulière, à notre temporalité vécue. Nous ne voulons pas être, mais avoir été ce que nous sommes. Et l'idée que nous pourrions être *remplacés* par un autre, une sorte de Double, qui serait exactement le même individu que nous, mais, enfin, qui *n'aurait pas été nous dans notre passé,* nous cause de l'effroi.

Il serait pourtant « naturel », que Dieu nous sauvât et nous éternisât *sans nous,* et qu'au lieu de nous ressusciter, il nous suscitât un sosie parfait. Eh bien ! nous regretterions l'autre, celui que nous aurions été et dont nous séparerait maintenant un infranchissable néant. Mais puisque nous ne saurions pas que nous avons été échangés ! Qu'importe ! Tant que nous sommes là, nous n'aimons que nous : nous voudrions follement assister à la mutation. Nous consentons à devenir l'Homme nouveau pourvu qu'il continue l'ancien. Nous ne concevons pas que ce qui a été ne soit plus, et nous aspirons à *évoluer.* Aussi les religions, consolatrices par destination, suppriment-elles toute solution de continuité entre le temps et l'éternité, ou plutôt ne peignent-elles l'éternité qu'en continuité de temps : elles sont plus naïves cent fois que les contes populaires.

Goethe distinguait la religion du Fils de celle du Père. Werther écrit : « Le Fils de Dieu ne dit-il pas lui-même que ceux-là seront autour de lui, que son Père lui aura donnés ? Et si je ne lui ai pas été donné ? Et si le Père veut me garder pour lui, comme mon cœur le pressent ? »

Il oppose ainsi aux êtres que le Verbe a créés selon leurs différences et leurs divers degrés d'individuation, de conscience et d'amour, bref, aux existants, un super-être, celui de l'insondable abîme du *fonds causal,* où l'être et le non-être se confondent sans doute et où, dans tous les cas, l'être ne ressemble pas à l'existence, ni encore moins à la vie.

Werther se suicide *parce qu'il ne veut pas vivre, mais être.*

Vers 1700, le théologien anglais Done avait eu l'audace de déclarer, dans son livre *Biothanatos,* que le suicide n'était opposé ni à la loi de la Nature ni à la Raison, ni à la loi de Dieu révélée ; et de montrer que dans l'Ancien Testament des hommes agréables à Dieu s'étaient donné la mort. Comment, dès lors, condamnerait-on ceux qui veulent mourir pour l'amour de Jésus-Christ ?

L'auteur range au nombre des « suicidés » les pénitents qui à force d'austérités et de tourments volontaires accélèrent leur mort ; il rapporte la règle des Chartreux qui leur défend de manger de la viande, quand même cela pourrait leur sauver la vie.

N'est-il pas significatif que Goethe, pour expliquer le suicide de son héros, ait conjugué les trois causes qui d'ordinaire agissent séparément sur l'âme : l'horreur de la limitation physique, un désir d'amour absolu, l'aspiration à l'Être suprême ?

12. *Imaginaire et sur-temporalité*

L'existence fantomatique

Nous nous hantons selon un mode d'être toujours défunt que nous devons bien nous résoudre à tenir, de ce fait, pour un néant ou un moins-être. Que nous n'existions que comme fantômes, que nous soyons des fantômes : c'est là la première certitude que nous apporte une phénoménologie naïve, mais stricte. Fantômes nous sommes, parce que toujours réduits à une idée dépassée de nous-mêmes, et à nous *sous-venir*. Sans doute essayons-nous, dans la vie « courante », de nous loger dans une présence durable, en feignant de croire que notre passé immédiat n'est pas tout à fait le passé, qu'il est encore le présent et qu'il se survit en lui. A partir de ce niveau nous déterminons des couches de passé vraiment passé que nous détachons par convention de notre moi actuel. Nous opposons ainsi à l'aventure de la nuit dernière nos émois de la dix-huitième année, nos souvenirs amoureux de la trentième : nous nous consolons de n'être que passé en nous divisant en passé présent et en passé révolu. Nous affirmons que notre existence véritable est dans « le bel et vivace aujourd'hui », et tout le reste, le passé authentique, le temps mort, nous le parons de charme poétique et de mélancolie, faisant passer à l'imaginaire ce qui l'est déjà par essence, au lieu d'exploiter dans le présent les ressources de l'imagination universelle.

Mais tout cela est chimère. L'instant présent est autant du passé, même s'il est gonflé de rêves d'avenir, que les joies et les douleurs d'il y a vingt ans. Du reste, c'est parce qu'ils se sentent déjà morts que la plupart des hommes tiennent tant à leur passé *constitué :* ils jouissent de leur fantomalité comme le capitaliste de ses revenus ; en fait, ils l'ont capitalisée. C'est en elle qu'ils vivent, se meuvent et meurent, comme si elle coïncidait avec leur essence devenue enfin intangible. Et sur ce point ils ne sont pas tout à fait dans l'erreur.

Comme ces Don Juan qui tiennent registre de leurs conquêtes et tirent réconfort, dans leurs moments d'impuissance, de l'évocation de plaisirs anciens qui ne sont plus que néant, ils s'enorgueillissent d'avoir accumulé des souvenirs. Certains en arrivent même à s'installer si confortablement dans le passé, qu'ils se laissent volontiers envahir *par des souvenirs ou des regrets anticipateurs.* « Comment pourrai-je vivre, s'écrie l'amant inquiet, lorsqu'elle m'aura quitté ? » — « Ces lieux charmants qui ont vu notre bonheur me paraîtront bien désolés ! Comment supporterai-je de revoir la chambre qui abrita nos amours ? » Inutile de préciser que ces souvenirs anticipés se se révèlent toujours faux par la suite et doublement illusoires. Peu importe : ils caractérisent parfaitement notre manière d'être, qui est « spectrale ». Pleurer d'avance sur ce qui est passé ou sera passé, comme on dit que fait le Diable, c'est, dans l'authentique, pleurer sur soi-même. Se souvenir à l'intérieur du souvenir est une façon très humaine de se remuer dans la prison du passé, comme si l'on pouvait en élargir les dimensions en y changeant sans cesse de place.

Nous ne sommes que néant ou, si l'on préfère, mélange d'être et de néant, si toutefois on peut conférer la qualité ontique *à ce qui n'est que d'avoir été*. J'ai pensé, donc je suis celui que je viens d'être. Nos raisonnements sont, eux aussi, empreints de quelque incertitude dans le temps qu'ils se déroulent. C'est peut-être ce qui inclinait Descartes à se défier d'eux et à leur préférer parfois l'intuition et l'évidence qui semblent tenir plus à l'aise dans l'instanéité.

Cette dégradation constante de l'être dans la pensée et dans les choses est inhérente à la Manifestation. Les choses durent, entendez : le temps corrompt leur identité, *fausse leur ressemblance avec elles-mêmes*. Quand elles ne sont pas en mouvement (apparent), si elles paraissent relativement immobiles par rapport à nous, alors, c'est nous qui passons. La majestueuse durée d'une statue ou celle — infiniment lente aussi — d'une belle toile, sont riches de rythmes dont le regard n'épuise pas d'un coup la coexistence et qu'il doit parcourir sans rien perdre de leur unité. Nos yeux s'attachent sur l'objet ; en réalité, c'est lui qui nous suit du regard.

Je ne ressemble plus tout à fait à celui que j'étais il y a un instant. Banalité ! Dans vingt ans je me ressemblerai encore moins. Et cette destruction de ma similitude s'opère par *glacis successifs de néant,* comme si le mouvement essentiel, celui sans lequel il n'y aurait pas de temps, n'était que la marche même de l'être vers sa décomposition, l'épuisement progressif de sa « quantité » (finie). Cette décomposition se poursuit dans l'idéalité passéiste, dans le « fantomal », qui, en fin de compte, ne saurait échapper à la néantisation.

Enfermés dans le passé nous sommes toujours exactement placés au niveau du souvenir. Le problème de la nature de la mémoire, s'il fait toujours difficulté, ne se pose plus, du moins en termes métaphysiques. La conscience « présente-au-passé » des existants purement temporels, c'est-à-dire : *condamnés à se souvenir de leur existence,* est toujours chez elle dans la forêt des souvenirs particuliers, *qui forment un tout* et qui constituent son essence. Les souvenirs anticipés et les visions prophétiques sont de même nature que la mémoire : on ne se souvient que de ce qu'on a *imaginé* et il y a peu de différence entre l'imagination du futur et celle du passé.

La difficulté est d'un autre ordre, elle tient tout entière dans cette question : Qui se souvient encore de moi à la dernière minute vécue ? Que ma vie s'arrête et je ne suis plus, en effet, que mémoire sans support, sans sujet, mémoire sans pensée. *L'acte* de se souvenir ne peut appartenir, semble-t-il, qu'à un être actuel, peut-être éternel, et non pas à cet être fantomal réduit à un faisceau d'images qu'il ne peut animer. Or, nous expérimentons précisément que c'est à chaque instant, à chaque élancement de ce Présent — d'ailleurs insaisissable — que nous nous trouvons changés par lui en notre propre image, maintenus tant bien que mal dans notre identité, et face au néant, par cette création qu'il continue par pulsions. Comment admettre, dès lors, que l'être *qui se rappelle à nous* est le même que celui que nous croyons incarner ? Se souvenir, c'est être perçu par un « Soi ».

Tout se passe comme si nous étions accompagnés, durant notre vie, par un témoin intemporel qui n'aurait point, en fait, d'autre contenu que notre histoire personnelle, mais qui, loin de se confondre avec elle, détiendrait, au contraire, le pouvoir ontologique infiniment actualisé de s'en affranchir en le reflétant. C'est ce témoin qui nous rejette à chaque instant dans notre néant passé.

J'appelle néant « cela » — indéfinissable autrement — cette négation, ce non-à-l'être, qui empêche l'existant temporel d'adhérer absolument à l'Être, de le recevoir en toute humilité comme une grâce ; qui le décale toujours par rapport à cet Être, sans lui interdire pourtant de se rendre de quelque façon présent à ses éclairs.

Tandis que dans l'Être suprême la *différence* et la *temporalité* sont elles-mêmes être (ou Amour ?), dans l'étant la différence est néantisante et la temporalité, néant.

On objectera que rien ne s'oppose à ce que l'Être suprême soit, en essence, mouvement. Heidegger semble parfois admettre qu'il est changement et histoire. A qui rejette l'éternité il ne reste, en effet, que le temps sans fin. Mais les « étants » que nous sommes ne sont pas même au niveau du temps : ils ne sont pas le temps indéfini, mais le passé : nous ne sommes jamais emportés par l'élan vital, au fil du temps, jusqu'au point où nous nous dépasserions. Nous ne coïncidons pas avec lui — ce qui serait une façon d'être pleinement dans l'Être — ; en vérité, nous ne fuyons pas à la même vitesse : nous sommes laissés par lui dans le moins-être fantomal.

De sorte que nous ne touchons à l'être authentique que passivement et comme par surprise, dans cette sorte de contact fugitif qui s'établit entre notre moi passéisé et cet existant plus réel que nous, dont nous ne savons absolument rien, sinon que nous nous reflétons en lui au point de nous le cacher — les reflets se prenant pour le miroir — ; et aussi, qu'il a le pouvoir, négatif, de contenir tout notre passé jusqu'au bord, jusqu'à l'extrême limite où il tendrait à être le présent ; et, par conséquent, celui, aussi, de nous dépasser toujours en nous rappelant sans cesse que nous ne sommes rien de ce qu'il est. Nous ne nous saisissons que comme « échappée vers l'être ». Étant anéantis de notre vivant, et toujours au passé, nous ne connaissons de l'être véritable que l'acte par lequel il nous annule et nous invite, par sa présence même, à nous dépouiller comme d'un néant, de tout notre moi empirique. Nous ne sommes quelque chose, à plus forte raison ne sommes-nous « libres », que lorsque cet être mystérieux affirme à notre place : « Tu n'es rien de ce que tu crois être ! »

La sur-temporalité

Notre durée, pourtant, telle que nous la vivons, est poreuse : elle s'égare dans un labyrinthe ; elle tombe parfois dans des abîmes de liberté. Un approfondissement temporel accompagne naturellement toutes nos exaltations vitales. Aucun de nos états psychiques intensément ressentis ne s'accommode du temps mesurable : ils utilisent tous une autre dimension qui, pour se traduire par de l'« imaginaire », n'en révèle pas moins une propriété ou une possibilité réelle de notre nature transitoire.

Je ne me demande pas si le temps est objectif ou subjectif. Je constate simplement que, *lorsqu'il traverse de l'esprit,* il est interrompu à chacun de ses battements par de l'intemporel (ou par un autre temporel coulant plus vite que lui et en sens inverse). Sans doute, le présent n'est rien que le seuil, chaque fois annulé et « reporté » plus loin, où il entre en contact avec un futur éternel sur lequel il ne peut mordre, mais il est aussi le point sans durée, toujours anéanti et toujours rejaillissant du néant, à partir duquel le temps *s'absente,* se dilate infiniment en se détachant de sa fugitive horizontalité.

On a proposé bien des schémas pour symboliser la structure du temps : ils ne valent que ce que valent les images. Je me sens porté à adopter le plus simple. Je vois le temps constitué par une ligne *horizontale* indéfinie (la fameuse flèche du temps pratique à une dimension) que couperaient, à chaque instant, des *verticales,* indéfinies elles aussi, remontant à l'imaginaire sans durée (ou doué d'une durée différente). A tout moment le temps imaginaire interrompt le temps mesurable et prend avec lui ses distances. Il s'insère sur la droite horizontale mais n'a de contact avec elle que par ce point d'intersection : il développe ailleurs son feuillage, en fuyant dans une hauteur qui ne marque point sur la succession des minutes et des heures, et *qui correspond toujours à la direction* que prend *l'esprit détendu.*

L'image de la route horizontale, plantée sur ses bords de dangereux platanes, me hante.

Le présent a beau n'être qu'un éclair intemporel, il dispose du pouvoir de concentrer en lui plus d'événements que n'en pourraient dérouler des années mesurables. Cela a lieu surtout dans les moments *exaltants* où la conscience paraît se libérer de ses conditionnements habituels dans l'imaginaire, le rêve et, tout spécialement, dans les états extrêmes qui précèdent ou accompagnent le *plaisir sexuel, la mort physique* ou *l'annihilation mystique.*

« Un jour, raconte une légende arabe dont se fait encore l'écho *le Novellino,* l'ange Gabriel souleva de son lit Mahomet et l'emporta à travers sept cieux jusqu'au trône d'Allah avec qui il eut quatre-vingt-dix mille conversations. Quand le prophète retomba sur son lit, celui-ci était encore chaud, et l'eau d'une aiguière renversée par l'aile de l'ange au moment du ravissement, achevait de se répandre goutte à goutte sur le pavé de la cellule » (traduction E. Gebhart).

Les esprits du Moyen Age étaient plus attentifs que nous à ces mythes du temps *dilaté* auxquels sans doute le Psalmiste les autorisait à croire *(Mille anni ante oculos tanquam dies hesterna quia praeteriit),* mais qui résumaient aussi pour eux un grand nombre d'expériences qu'ils avaient pu faire dans le rêve, et même à l'instant de la mort lorsqu'ils avaient été assez heureux pour en revenir. Et ils évitaient, généralement, de confondre ce temps vertical avec l'éternité, parce qu'ils voyaient bien que, pour rapide qu'il fût, il s'insérait cependant dans l'autre temps et en dépensait même une partie, d'ailleurs infime. Lorsqu'en effet l'esprit retombe au réel il retrouve sa durée empirique *à peu près* au point où il l'avait laissée : il reprend le cours naturel des existants *à peu près* comme si rien ne s'était passé.

Je ne pense pas qu'il soit donné à l'homme de connaître la véritable éternité. Mais il ne saurait vivre sans en chercher l'image *à l'intérieur du temps,* c'est-à-dire : sans illimiter peu ou prou sa durée vitale dans l'Imaginaire. Si le temps ne s'interrompait pas pour lui en éhappées verticales, il ne pourrait loger son être nulle part, et il n'existerait qu'à l'état fantomatique *absolu.* Je crains que l'humanité actuelle qui, déjà, n'a plus le temps de rêver, ne s'achemine peu à peu, et de son vivant, vers la passéisation et l'extériorisation complète — celle des images vides — puisqu'elle oublie que l'Imaginaire fait aussi partie du réel.

Ce qui nous permet, précisément, de durer, de reprendre haleine, de *circuler* dans le temps ; ce qui fait même que le temps est le temps, c'est qu'il est *bi-dimensionnel,* c'est-à-dire qu'il compte, parmi ses instants successifs, des moments de dilatation indéfinie où il peut battre dans l'Imaginaire humain, et d'autres, tout à fait mornes, où il ne peut *porter* que le réel physique. L'échappée en hauteur est nécessaire à la respiration spirituelle de l'homme qui, s'il ne peut éterniser en lui le fantôme, doit au moins lui ouvrir des horizons illimités. *Il y a une sorte d'éternité dans le temps.* Celle que célèbre William Blake dans le plus beau de ses poèmes :

« Chaque temps qui est moindre que la pulsation d'une artère est égal en période et en valeur à six mille années. Car c'est dans cette période que l'œuvre du poète est faite et tous les grands événements du temps éclatent et sont conçus dans une période pareille, à l'intérieur d'un moment, dans une pulsation d'artère. »

Puisque, aussi bien, nous intercalons dans le rêve, entre la cause et l'effet qui la suit immédiatement, ou qui, en certains cas, coïncide avec elle, des fictions qui paraissent durer plusieurs années et s'écrasent pourtant dans l'instantanéité, celle du réveil, j'en viens parfois à me demander — mon scepticisme m'inclinant à croire l'incroyable — si la vie la mieux remplie ne s'écoule pas tout entière dans le grand rêve rétro-actif qui précède la mort.

N'en déplaise aux rationalistes, l'élargissement du temps vertical dans la minute de Mort me paraît poser aux esprits sérieux — et pas seulement aux parapsychologues — le plus effrayant des problèmes. Je tiens, en ce qui me concerne, pour parfaitement assuré que les aventures qui surviennent aux mourants, dans un instant de vie parallèle, peuvent en certains cas et sous certaines conditions devenir *visibles* à un observateur qui, pour des raisons que j'ignore, se trouve ainsi mêlé à leur existence seconde, *imaginaire et réelle.* Les apparitions fantomales — j'en connais d'indiscutables — se situent toutes dans l'immense songerie que font parfois les mourants, de sorte que ces prétendues manifestations posthumes ont lieu, en réalité *ante mortem* ou plutôt *intra mortem,* et que les seuls fantômes authentiques sont ceux que nourrissent les vivants.

Les rêves objectifs

Est-il possible de doter cette imagerie d'un semblant d'objectivité ? Tout doit plutôt se ramener à un échange de consciences ou, comme les parapsychologues sont assez enclins à l'admettre, à une sorte de télépathie. Ceux qui vont mourir *sont enveloppés de l'image qu'ils se font d'eux-mêmes.* S'il nous « apparaissent », c'est que nous les voyons se voir dans leur temps *intra mortem.* Nous n'entrons jamais en contact qu'avec leur dernière pensée qui est peut-être pour eux *l'équivalent d'une seconde existence.* C'est pourquoi il arrive que nous rencontrions, au tournant d'une rue, le garçon et la fille que nous avions quittés la veille, heureux de vivre : ils sont maintenant coincés sous leur voiture, occupés tout à la fois à mourir et à s'évader, en imagination, de la catastrophe. Dans leur temps à eux le rêve n'est pas achevé. Peut-être est-il inépuisable. Ce qui reste incompréhensible, c'est qu'un tiers puisse entrer les yeux ouverts — ouverts sur quoi ? — dans cette durée fantastique qui n'est pas la sienne. *Il y a des rêves qui pénètrent en nous tout fabriqués.*

La prophétie de Lactance et l'accélération du temps

Je ne sais ce qui a conduit Lactance à prophétiser, il y a dix-sept siècles, que le temps irait s'accélérant aux environs de l'an deux mille. *(Tunc annus bre-*

viabitur et mensis minuetur et dies in angustum coarctabitur.) De nos jours, en effet, depuis que les savants — Heisenberg notamment — ont noté eux-mêmes cette apparence d'accélération, tout le monde croit constater que les événements, les changements, les bouleversements de toutes sortes se succèdent en plus grand nombre qu'autrefois dans le cadre des années — qui ne se sont point élargies — et par rapport, au moins à l'allure de la vie humaine et aux capacités d'adaptation de l'esprit, qui sont demeurées à peu près les mêmes. *Le temps est surpeuplé.* L'évolution si rapide des choses accable l'homme parce qu'elle ne lui laisse plus le loisir *de vivre sa vie sur les deux composantes du temps.* Et il ressent ce manque de disponibilité temporelle comme une sorte d'asphyxie. Dans ses tâches comme dans ses plaisirs et dans son indolence même, il se sent bousculé sans répit par la fuite *mécanique* de sa durée vitale. Cela l'angoisse parce qu'il se sent ainsi vidé de son être. En réalité, c'est la *structure* subjective de ses instants qui est faussée.

Alors que la durée moyenne de la vie humaine s'est allongée, on peut constater que les marges de stabilité relative que les anciens philosophes appelaient *temps consistants* (c'étaient des périodes de l'existence — de 53 à 56 ans par exemple — où la dégradation progressive de l'être semblait suspendue ou ralentie) ne sont plus aussi marquées qu'il y a un siècle : elles s'effacent maintenant dans le mouvement uniformément accéléré de la vie. Ce phénomène, difficile, je le reconnais, à établir statistiquement, n'est peut-être pas sans rapport avec le précédent.

Je lis dans une revue américaine ce « manifeste » de la Jeunesse : « Nous avons besoin d'une génération de gens fantasques, fous, déraisonnables, épris d'érotisme, coléreux, irréligieux et puérils ; de gens qui brûlent leurs diplômes, qui disent : « Au diable, tous vos buts ! », qui séduisent les jeunes avec la musique, la marijuana et le L.S.D. ; des gens qui rompent avec la vie traditionnelle, qui n'ont rien à perdre hormis leur chair. »

Il est significatif que la révolte n'ait plus ici de contenu. C'est, en dernière analyse, que les revendications sociales ou politiques n'y sont plus que des prétextes ou des phénomènes seconds. La plupart des tendances révolutionnaires, violentes, agressives qui se manifestent aujourd'hui dans la Jeunesse avec plus d'ampleur que jamais parce que l'humanité s'y trouve soumise à une précipitation qu'elle n'avait pas connue jusqu'ici à ce degré — n'expriment sur le plan vital, le seul qui nous intéresse ici, que *le besoin impérieux de reconquérir le temps authentique.*

Le nouveau mal du siècle s'attaque aux globules du temps. Si les jeunes gens prenaient vraiment conscience de la maladie dont ils souffrent — et dont ils ne sont nullement responsables — toutes leurs petites révolutions consisteraient d'abord, et essentiellement, *à briser partout les réveils et les horloges.*

Ce n'est pas la civilisation dite des loisirs qui arrangera les choses. Les loisirs sont aussi ennuyeux que tout le reste, s'ils sont organisés dans un temps aliéné ou mutilé dans sa structure même. Ce que les hommes d'aujourd'hui aspirent inconsciemment à retrouver, c'est le rythme *naturel* du temps intériorisé, du temps à respirer, du temps à vivre *en hauteur.*

Car on s'ennuie partout, sauf dans les battements libres de l'instant « exalté ». Et je n'attache aucune valeur morale, ni même esthétique, à cette exaltation que je considère seulement ici comme une propriété — ou une possibilité — du temps subjectif.

Une réaction inauthentique

Il était inévitable que la première réaction de l'homme à l'égard de la frustration temporelle visât à compenser l'accélération du temps par la vitesse de ses machines. L'humanité a toujours souhaité d'aller vite, mais pendant des siècles elle n'a pu satisfaire ce goût qu'avec des moyens peu perfectionnés qui restaient à l'échelle des corps vivants et ne désharmonisaient que dans une faible mesure la lenteur relative avec laquelle le temps paraissait alors couler. Aujourd'hui l'amour de la vitesse peut prendre facilement l'ampleur d'un mythe Luciférien, un mythe assez sot, d'ailleurs. Plus l'on va vite, n'est-ce pas ? plus l'on existe. Plus l'on se remue et plus l'on se qualifie comme existant supérieur. Si l'on parcourait son essence et le monde à la vitesse de la lumière, on redeviendrait un ange. A la limite, on jouirait de la fausse éternité des ventilateurs, image du mouvement immobile et de la perfection approchée qui appartiennent en propre aux roues tournant sur elles-mêmes dans l'instantanéité.

En vérité, il y a de la folie à vouloir battre le temps à la course. Nos contemporains en viennent à transférer aux machines les propriétés de leurs corps et à leurs corps celles de leurs âmes. Ils entrent dans leurs voitures comme jadis l'âme séparable était censée s'asseoir dans le corps pour le diriger. Le corps, tout en restant immobile et passif, devient aussi rapide que l'âme. Dans l'avion, il se loge *à l'intérieur d'une extériorité* (qui tend, elle, comme l'ange, à l'invisibilité) et là, inerte et bien visible, il se laisse emporter, presque malgré lui, vers la coexistence et la superficialité. Pour les hommes de notre époque, en effet, la fuite dans la vitesse est beaucoup moins un approfondissement du temps qu'une expérience, fort imparfaite, de la coexistence : on parcourt tout à la fois dans un rêve d'ubiquité. Et cela s'accompagne d'un étalement, d'une anesthésie de la conscience claire qui sont à l'opposé de l'exploitation vitale du temps « libre » et de l'euphorie rêveuse en laquelle il s'absente.

Retour à l'Imaginaire

Cependant la vitesse permet quelquefois aux plus imaginatifs de ces fantômes d'échapper au fantomatique en se fondant à lui. Elle dérègle le temps subjectif, elle le dévore jusqu'à la trame, changeant toutes choses en images vides, sans épaisseur. Elle révèle surtout que l'instant où le Passé happe le Futur n'a point d'existence ; puisque ce qui nous « advient » à cent cinquante kilomètres à l'heure *est déjà là,* c'est que le futur est un faux futur. Ces anges rapides se sentent devenir des phantasmes invulnérables. Ils se survolent jusqu'à ce qu'ait lieu l'accident mortel qui leur paraît à la fois naturel et invraisemblable : à cette allure-là rien n'a vraiment d'importance ! Et ils s'écrasent contre un platane et *contre le temps* dans une grande explosion d'Imaginaire.

C'est dans l'instant qui précède immédiatement la mort que le temps s'illimite pour accorder à l'homme une seconde vie terrestre. Il faut beaucoup d'imagination rentrée pour être au monde. La mort en libère beaucoup.

A la façon des éphémères, combien de jeunes, en proie à la maladie du temps, accomplissent leur vol nuptial, de la route au platane, avec leur voiture adorée ! C'est là un des grands mythes modernes. Bien qu'il soit un peu étriqué, il ne lui manque rien de ce qui rend les mythes tentateurs. Il se déroule toujours de la même façon. Il commence par le vol d'une auto (attitude agressive à l'égard de la société et de la morale), il se poursuit par la randonnée éperdue du voleur flanqué d'une fille (l'amour et l'orgueil), et il se termine par l'entrée violente dans l'amour partagé et dans l'imaginaire *ante-mortem*.

Traversons la mort comme une balle traverse une planche ! Le ressort principal du mythe est de rendre la mort imaginaire, ou de la peindre sous des couleurs irréelles, et de nier en elle le temps. Et peut-être y a-t-il là le pressentiment d'une vérité. La nature *brûle en un éclair* tout le temps qu'elle devait aux individus qu'elle annule avant l'heure.

Si tous les jeunes, heureusement, ne meurent pas dans quelque accident d'auto, il en est peu qui ne soient tentés de faire l'expérience de l'Imaginaire absolu et de cette éternité intermittente qui les exaltent à l'instant où il leur semble qu'ils n'ont plus de corps ni de pesanteur. Ils supportent malaisément d'être transformés par la société en machines à digérer le temps, et tous les moyens leur sont bons pour démolir la grande horloge des mathématiciens et des comptables.

Sans doute l'amour, sans doute la musique et la poésie — en dépit des airs de guitare qui les profanent l'une et l'autre — contribuent-ils à illimiter le temps dans ses atomes de durée et l'homme dans sa prison. Que l'esprit cesse, en effet, de se laisser entraîner à l'allure du « passe-temps », qu'il cesse également de se projeter dans le futur naïf, qui n'est que du passé en sursis ; qu'il émerge de ses mécanismes et les survole, qu'il existe, enfin, au lieu de « résulter », et aussitôt l'ombre de la mort dans laquelle il vit — et où l'être fait un matin qu'il ne saurait regarder en face — se creuse comme un abîme, se dilate en liberté vertigineuse. Mais ceux que sauvent la musique et la poésie étaient déjà sauvés.

Naturellement les drogues sont plus efficaces et ont plus de succès auprès de ceux qui ont le temps plus gravement malade. Non seulement elles réalisent le rêve des hommes qui est de pouvoir commencer n'importe où dans leur durée, et même à l'envers, mais elles tiennent encore toutes les promesses des nécromants du Moyen Age : dans les quelques heures que parcourent les aiguilles de leurs montres, elles introduisent une existence fabuleuse, elles engourdissent le temps qui mène à la mort. Le L.S.D. ouvre ses galeries interminables dans la termitière de l' « existence-au-passé », et rend la prison temporelle plus spacieuse et plus habitable. Le hachisch comprime d'abord l'Imaginaire, puis fait entrer brusquement le songeur dans un rêve semblable à celui que développent certains traumatismes graves, et cependant tout de transparence. Avec plus ou moins de bonheur dans le fantastique elles mettent dehors le fantôme temporalisé et le dépaséisent, et, plus sûrement que l'exaltation érotique ou la rêverie musicale, elles l'incarnent dans un monde concret — et dangereux — auquel elles confèrent l'irrationalité d'un instant intensément libre et qui semble ne pas avoir de fin.

Le Fantomatique et le Sur-temporalisme

Quand l'homme prend conscience de ce en quoi nos sociétés le changent, il se sent devenir un habitant actif du Passé. D'une part il ne croit guère à l'éternité transcendante qui lui promettrait, dans l'illusoire, un élargissement métaphysique de son destin ; d'autre part il a perdu le pouvoir d'accéder au temps « vertical » qui seul fournit à l'être le volume d'imaginaire « respirable » dont il a besoin pour ne pas s'annuler dans la précipitation. Il n'est pas étonnant, dès lors, qu'il éprouve le besoin, à ses risques et périls, de desserrer la trame du temps par tous les moyens possibles, y compris ceux qui dégradent sa personne physique. Par rapport au fantôme qu'il est, il faut bien que le temps authentique prennent ses distances, et par rapport aussi au *temps des machines ;* et que celui du bonheur devienne chimérique et *artificiel.*

Le *sur-temporalisme* est une attitude générale de l'esprit moderne, l'ensemble des manœuvres inconscientes ou conscientes, par lesquelles l'individu mécanisé poursuit le rêve *de se réinstaller à tout prix dans la structure du temps vital.* Puisqu'il est condamné à hanter le reflet de lui-même qui l'entraîne d'un néant à l'autre, il s'efforce, du moins *d'avoir poids* dans l'imaginaire, pour se déprendre du Prétérit ; et il se distrait du torrent des apparences en s'attachant à de plus hautes et plus lentes images, celles qui flottent sur le temps bi-dimensionnel.

Les rêves, la volupté, le bonheur ne se situent pas dans la même temporalité que la volonté attentive ou l'action. Il ne s'agit pas ici d'une plus ou moins grande tension de la conscience, mais d'une modification de tout le volume de l'imaginaire universel, en tant qu'il affecte l'homme. Si le temps, comme je l'ai suggéré, est tour à tour, et à chaque instant, le milieu idéal où *rien ne passe* et celui où l'être devient *consistant,* si sa discontinuité bat successivement dans le néant et dans la positivité, ou plutôt — puisqu'il est évident que le temps n'a pas de contenu — s'il *mesure* tantôt les abîmes de néant absolu où tombe la nature corruptible, tantôt la possibilité qui s'attache à l'être de combler les intervalles, c'est qu'il est, par essence, la présentation en mode successif de la *coexistence,* peut-être éternelle, *de l'être et du néant.*

Cet arbre que je contemple ne dure pas : il n'est jamais le même. Il est sans cesse frappé d'éclairs noirs qui l'usent : sans cesse frappé d'éclairs d'être qui le restaurent. Il y a un temps qui *franchit* le temps.

En toute apparition une possibilité de néant est annulée par l'être, une possibilité d'être, promise au néant. Il n'y a aucune continuité entre les ténèbres et la lumière, pas de progrès suivi du néant à l'être, mais toujours coexistence de deux contraires, *crépitation*. De sorte que notre existence, entre deux élancements de néant, ne peut que poursuivre sa similitude — toujours menacée — *hors d'elle-même.* Et parce que cette coexistence n'est point équilibre stable, mais qu'elle bascule, en fin de compte, dans le néant final, le temps existe, et sa dualité mène le rythme.

Il n'y a point de paresse, point de repos, point de liberté ni de sérénité ; point d'amour pur ni de plaisir grossier, qui ne requière *l'échappée vers le temps imaginaire.* La vogue actuelle de l'érotisme le prouve bien. Il a toujours constitué une heureuse compensation à la fatalité et à la servitude humaines ; et de tous les moyens permettant de « stupéfier » le temps, il a toujours été le plus communément employé. Mais aujourd'hui les moins avertis sentent qu'il représente plus que jamais une durée de grâce à laquelle il est nécessaire, faute de mieux, de s'abandonner, sous peine d'être *dépassé* par le temps du néant. Aussi tend-il, de plus en plus à devenir l'art, non point de passer le temps, mais au contraire de l'égarer dans les détours d'un rêve éveillé, et d'opposer à la vie machinale la densité d'une durée qui commence, naît et s'achève dans un imaginaire capable *de se substituer à tout.* L'érotisme n'a de signification que dans une métaphysique implicite de la *Sur-temporalité.*

Pour être senti, le plaisir doit sauter les instants neutres ou négatifs, qui sont néant, et s'appuyer sur ceux qui sont comblés par l'être. C'est pourquoi il est nécessairement lié au mouvement et au rythme. Le rythme — la seule image adéquate que l'on puisse fournir *du temps authentique,* et dont les primitifs eux-mêmes savent qu'il est la révélation symbolique de sa structure vraie — représente, en effet, l'abolition, l'enjambement des « temps » faibles par les « temps » forts au profit d'une sorte d'unité linéaire, purement imaginaire dans son essence.

Il n'y a point de plaisir sexuel qui puisse résister à l'attention extrême. L'attention voluptueuse est, paradoxalement, désintéressée et, dans une certaine mesure, distraite. Trop attentive, la conscience ne perçoit que les intervalles négatifs, et par conséquent, ne se laisse pas entraîner dans la continuité rythmée — et créée par ce rythme — qui est la condition même du plaisir. Pour l'éprouver il faut que le sujet entre dans une certaine allure, dont il est la cause, mais qui, cependant, le surprenne comme au sein d'un état d'abandon ou de distraction, et dans le mystère de l'attention désintéressée dont je viens de parler. Aussi bien la volupté, qui n'est jamais qu'un *franchissement réussi* des intervalles de néant, est en partie imaginaire : elle commence toujours — ou conclut — un rêve éveillé.

Il est fort significatif que l'on ne puisse jamais se procurer par un acte de volonté directe — sauf en prenant la décision de ne plus vouloir, mais c'est jouer ici sur les mots — la félicité, la sérénité, le bonheur et le plaisir. Ces états résultent toujours d'un *abandon à l'Imaginaire,* au destin, à l'euphorie sensuelle ; ou d'une abolition totale ou partielle de la conscience égotique ; ou d'un dépassement de la vie par l'être.

Ce qu'on ne peut pas, on ne le veut pas. On ne veut que ce que l'on peut. Vouloir, c'est savoir que l'on pourra et que l'on obtiendra. La volonté n'est que le pressentiment d'un destin qui se réalise dans celui qui « veut » et qui n'est réalisable que par lui. Je trouve admirablement vraie la pensée de Lao

Tseu qu'il faut agir sans agir et vouloir sans vouloir. Ce non-agir laisse notre inconscience se déterminer d'elle-même et comme sans nous. La volonté qui s'ignore est la plus efficace de toutes parce qu'elle est en nous, comme le disait également Paracelse : « L'imagination du macrocosme ». Obéir à, se plier à. Il n'est point d'autre volonté que celle qui consiste à se mettre en harmonie dans l'imaginaire avec ce qui est déjà ; d'autre action que celle que symbolise le navire obéissant aux vents et aux flots. Et l'imagination surmonte ses propres constellations, si elle refuse, sans effort, ce qui ne peut être voulu.

Corollaire : Tout ce que l'on veut arrive *naturellement*. Et ce que l'on veut est « subi », comme ce qu'on n'a pas voulu.

L'Imaginaire et le mouvement

Le rêve étant parfois très indigent, c'est d'ordinaire le mouvement qui permet à la conscience érotique de franchir d'abord les points de néant pour prendre appui sur les pulsions de temps positif. Le plaisir commence-t-il au mouvement pour finir dans l'imaginaire ou à l'imaginaire pour s'achever en mouvement ? Posée en termes de coexistence — et l'imaginaire et le rythme étant dans un rapport d'harmonie préétablie — la question n'a guère de sens. L'amour s'éveille (ou plutôt : enchante la conscience claire) sous l'effet de causes physiologiques localisées, excitées par le mouvement, mais ces mêmes modifications physiologiques peuvent être d'abord suscitées par l'amour « imaginaire », lequel a lui aussi des causes physiologiques, mais très différentes, plus générales et intéressant la quasi-totalité du sujet.

« Expliquez-moi, me demanda un jour une jeune prostituée, licenciée en philosophie, pourquoi les caresses en zones neutres accroissent parfois la sensibilité en zones érogènes. »

En zone érogène le plaisir est déjà préparé, mis en réserve par la nature. C'est de l'imaginaire fixé, virtuellement préfiguré (correspondant à un besoin) et excitable directement par le mouvement. La caresse n'y est donc pas anticipation du plaisir : elle est déjà ce plaisir ou son commencement. Cependant pour virtuelles qu'elles soient, les sensations érotiques localisées dans cette zone ne s'éveillent pas d'une façon absolument machinale : des conditions défavorables, la mauvaise humeur du sujet, la maladresse du partenaire suffisent à bloquer la mécanique. Pour s'épanouir elles doivent répondre non pas seulement à une excitation *sui generis,* à un besoin précis, mais aussi à une attitude générale d'« abandon à », et à une sorte d'état de grâce qui ressortit à l'imagination.

La caresse en zone neutre crée souvent cette complicité imaginaire avec le plaisir. Elle anticipe moins sur la volupté locale que sur les conditions qui la favorisent d'un climat de bonheur. Elle est, si l'on préfère, le commencement libre d'un plaisir nécessaire et la garantie que le passage à l'*imaginaire illimitant,* sans lequel l'orgasme même ne serait pas l'absolu de la joie, s'effectuera sans échec.

Corollaire : les femmes amoureuses accueillent avec volupté sur les parties les moins sensibles de leur corps les caresses de leur amant. Ces mêmes caresses prodiguées par des hommes qu'elles n'aiment pas les laissent indifférentes, ou les font rire ou les glacent d'horreur. Preuve que ces caresses ne sont en elles-mêmes qu'images. il n'en est pas de même des caresses en zone érogène qui, même si elles sont d'abord reçues avec haine ou dégoût, finissent presque toujours par provoquer mécaniquement l'apparition du plaisir, et même *l'abandon à l'imaginaire qui eût dû le précéder*. Ce qui montre bien que l'amour va indifféremment de l'imaginaire au mouvement ou du mouvement à l'imaginaire ; et qu'on ne peut pas éprouver de plaisir érotique sans le rêver avant, pendant, ou après.

Le principe de tout érotisme, c'est de provoquer l'orgasme par les manœuvres les plus *indirectes,* les plus lentes, les plus pénétrées d'imagination. La marge de rêverie ardente, qui sépare alors l'amour de sa réalisation, est ressentie plus voluptueusement que son accomplissement même, dont elle est pourtant la condition.

S'il y a des coïts brutaux et précipités, semblables à des combats, il existe aussi des coïts « tibétains », presque immobiles et très longs, qui préservent l'intensité et la durée de la volupté onirique.

Les femmes froides — quelles que soient les causes profondes de leur insensibilité, que je n'ai point à examiner ici — ou, du moins, celles d'entre elles chez qui la prétendue passivité de leur sexe s'est transformée en une attention exclusive au néant qui bat dans le temps, se caractérisent par le fait qu'elles ont perdu pied dans la durée qui les traverse. Cette hypertrophie de l'attention est assez semblable à l'insomnie : impossibilité d'entrer dans le temps-détendu-du-sommeil ; impossibilité d'accueillir le temps-détendu-de-la-joie. Mais qu'elles empruntent l'attitude érotique de l'homme — ce à quoi elles sont naturellement portées — qu'elles se mettent à le chevaucher activement, épousant un rythme dont elles ont l'initiative, et voilà qu'elles réussissent à saisir le plaisir par surprise : oubliant d'analyser la discontinuité du temps voluptueux, elles ne sont plus arrêtées par les points de néant où elles ne ressentaient rien parce qu'il n'y a rien à ressentir.

Sans le mouvement qui l'emporte, la volupté retomberait à la tactilité neutre. Sans rêverie euphorique la caresse — imaginaire pour celui qui la donne, à la fois positive et imaginaire pour celui qui la reçoit — ne serait que chatouille. Encore faut-il que le mouvement soit exactement accordé à l'imaginaire : comme la poésie, l'érotique exige le rythme juste. Elle exclut la frénésie comme l'excès de langueur. Désespérément accélérée, la saccade manque son but : elle traduit l'insensibilité chez la femme, l'impuissance chez l'homme. Et les rythmes déréglés neutralisent le rêve naturel et quasi instantané où le plaisir est nécessairement inclus. Il faut que le mouvement apporte l'oubli de soi et l'oubli de soi le rêve charnel.

Chez l'homme surtout, le plaisir précède une sorte de mort et il commence à l'instant où il s'achève : il s'illimite dans une durée réduite à un point intense, exactement de la même façon que les rêves des mourants. Peut-être la mort est-elle voluptueuse au suprême degré. *Non putabam tam dulce tam suave esse mori* : je ne pensais pas qu'il fût si doux, si agréable de mourir, déclarait peu de temps avant sa mort (à Lisbonne, en 1617) le jésuite François Suarez. Et La Mettrie, qui s'était vu plusieurs fois près de quitter cette vie, a noté : « On dirait que la mort ne fait que passer au cou des mourants un *nœud coulant* qui serre moins qu'il n'agit avec une douceur narcotique. La vie s'en va avec une certaine nonchalance molle, non sans quelque volupté. »

Les seuls instants où l'homme connaît pleinement, ou plutôt avec acuité, la joie d'exister sont ceux où la vie le quitte, définitivement, temporairement, réellement ou *en image.* Les paroxysmes et les orgasmes produisent des rêves tout semblables, où la conscience se déploie si vite qu'elle paraît se transporter sur un autre plan du temps. La réduction du temps réel au temps imaginaire peut même être si absolue que le plaisir ne s'accroche pour ainsi dire plus à la conscience : il *est* l'abolition de la conscience. Il hante une sur-temporalité *que le temps a désertée,* et corrélativement, il ne reste point dans la mémoire. Il y a des femmes qui se croient frigides parce qu'elles ne se souviennent pas d'avoir joui dans cet état second : elles étaient « ailleurs ».

Au XVI{e} siècle, des sorcières ont décrit en termes paniques le caractère extraordinairement fugitif des plaisirs sexuels (supranormaux) que le Diable était censé leur donner. « Ces abominations, disaient-elles, toutes ces horreurs, ces ombres n'étaient que choses si soudaines et qui s'évanouissaient si vite que nulle douleur ni déplaisir ne se pouvaient accrocher en leurs corps ni en leurs esprits, si bien qu'il ne leur restait que toute nouveauté, tout assouvissement de leur curiosité et *accomplissement entier et libre* de leurs désirs amoureux et vindicatifs... » Ces sorcières ne savaient plus si la douleur était volupté ou la volupté douleur : dans le sur-temporel, elles transmuaient la douleur en volupté.

La douleur physique me paraît correspondre à la seule expérience du néant que puisse faire la vie. Elle est une sorte d'attention forcée aux *vides* de l'allure temporelle : elle est le vide absolu, et dans la mesure où elle nous interdit de franchir les instants de mort qui interrompent la continuité rythmique de l'être, *elle est anti-être*. Elle suit le temps pas à pas, s'incruste dans les seuls intervalles négatifs : elle est vraiment la négation de tout nombre harmonieux.

Que si elle réussissait à se « chanter » ou s'enchanter, à oublier ses éclairs de néant en les intégrant à une continuité ontique — mais la poésie et la musique n'ont jamais adouci de la sorte que les douleurs morales, encore que la musique soit parvenue parfois à soulager les maux physiques en les pliant à un rythme juste — elle passerait, elle aussi, à la temporalité imaginaire : elle se fuirait elle-même et ne se trouverait plus. C'est ce qui arrive aux mourants que l'engourdissement des facultés vitales incline, en certains cas, à se confondre à une mélodie silencieuse qui les emporte.

L'arcane majeur

« Donnez-moi l'imaginaire et le mouvement, s'écrie Lucifer, et je changerai la *douleur primordiale* en plaisir. » C'est là, peut-être, l'arcane suprême de l'hermétisme occidental : le seul, d'ailleurs, dont ne parlent jamais nos modernes occultistes. « Dieu, disent-ils, a donné la douleur à l'homme en punition de ses péchés », mais ils oublient d'ajouter qu'en lui révélant que la douleur acceptée par amour n'était plus douleur, mais *dolor sens suffriment* (douleur sans souffrance), comme le dit si noblement une homélie provençale sur Marie-Madeleine, c'est peut-être bien ce même Dieu qui a suggéré à Lucifer que semblable alchimie devait s'accomplir aussi sur les plans inférieurs.

La tonalité primitive de toute volupté physique est douleur et elle retombe à la douleur dès que, pour une cause quelconque, se trouve affaibli, dans le sujet, l'optimisme vital qui la transforme en joie. Il n'est pas étonnant qu'elle reparaisse quelquefois comme stimulant de l'appétit sexuel : il y a des déviations de l'instinct qui sont tout simplement des retours aux sources.

A en juger par ce que l'on éprouve (assez lucidement) quand la honte qui s'éveille interrompt les orgies nocturnes du « soi » et que l'on enregistre dans un morne abattement, comme si l'on était un autre, l'évanouissement de l'ivresse étrangère et *le retour du temps imaginaire au temps pratique;* à en juger par ce que nous content de leur insatisfaction les femmes froides (mais presque toutes les femmes sont telles quand des images plus perverses que celles que suscite d'ordinaire l'étreinte conjugale — ou l'exaltation passionnelle — ne leur font pas oublier au bon moment le souci d'attraper les mouches), il paraît bien que la volupté la plus enivrante, si on la prive brusquement du rêve éveillé qui la commence et qui l'inclut, n'est plus en elle-même qu'une douleur légère en voie de résorption.

Le Démiurge a eu moins de confiance en l'imaginaire, pour conditionné qu'il soit par la nature même de l'homme, qu'en la vitesse de chute, harmonisée. Il a voulu que les sensations érotiques fussent surtout allumées par l'effet du mouvement ; et les secousses rythmées. Et surtout que la transformation de la douleur en plaisir fût immédiate, nécessaire, quasi objective et qu'elle s'opérât, dans l'homme comme dans les animaux, par l'intermédiaire d'un centre nerveux spécialisé, dont ils ne fussent pas libres de suspendre le mécanisme.

Mais comme il arrive souvent dans les mythes, l'œuvre du Démiurge s'est retournée contre lui-même, et l'imaginaire machinal suscite un autre imaginaire plus délié où il s'achève. C'est pour cette raison qu'il n'est pas possible de ranimer l'imaginaire concret sans s'être *d'abord* abandonné au climat illimitant de l'imaginaire idéal, pas plus qu'il n'est possible à l'imaginaire concret d'être senti comme tel, s'il ne développe pas, *pour finir,* ce même climat d'irréalité ou plutôt de sur-temporalité. Ici encore ce qui est en haut est comme ce qui est en bas.

Entre autres aspects, l'Érotique présente celui-ci qui n'est pas le moins curieux. Dans toutes les civilisations où elle a été amenée à un point assez haut de perfection, elle a tendu à susciter sur le corps humain des zones érogènes en des endroits où il n'en existait pratiquement pas, et à substituer ainsi au plaisir « nerveux » un plaisir que j'appelle faute de mieux « musculaire », parce qu'il procède de la douleur que l'on ressent dans les muscles fatigués.

Ce plaisir, fort intense, n'est point dû simplement à la cessation de la douleur, comme on pourrait le croire, mais à une véritable transmutation. Le massage produit évidemment l'impression d'euphorie que l'on sait qui s'attache d'ordinaire à la détente de tout état violent des organes. Les courtisanes expérimentées savent exalter les simples sensations tactiles jusqu'au point où elles deviennent positivement voluptueuses. A Tahiti, les filles qui connaissent la tradition délassent parfaitement un homme fatigué pour avoir trop marché, en frottant de leurs mains ses bras et ses jambes et en pressant doucement ses muscles entre leurs doigts. Mais on assure que les Chinois ont trouvé le moyen de mieux associer encore la *détumescence de la douleur,* sur n'importe quelle partie du corps, à la sexualité proprement dite, et que la même opération — très indirectement sexuelle et partant très *réellement* imaginaire — affecte les orientaux d'une façon si voluptueuse qu'ils s'évanouissent presque de plaisir.

L'éternité n'est pas vivante

Je n'ai jamais compris comment M. Jean Guitton, dans son beau livre *Justification du Temps,* peut affirmer que « la vie spirituelle temporelle est la conservation de ce qui a été dans ce qui est, laquelle est nécessaire pour aller au-devant de ce qui sera ». Je vois bien que la vie nous permet de construire des châteaux de cendre ; que dans son décours il y a des enchaînements de causes qui édifient, tandis que d'autres détruisent ; que l'homme réalise sans doute et accumule bien des gains spirituels et que, tant qu'il vit, il peut progresser. Mais ce n'est jamais que jusqu'à la culbute finale qui annule tout.

La totalité de nos démarches, le temps les égalise, les détruit, les « fantomalise ». Il ne conserve pas : il enferme. Ou plutôt : il ne conserve que pour nous enfermer dans l'existence-au-passé. Comment pourrions-nous profiter dans l'éternité de ce qui ne peut pas entrer dans l'éternité ? Selon quelle continuité (évolutive) impensable passerions-nous de la sphère bien close qui nous retient captifs à l'être absolu ? De ce monde à jamais révolu, à l'être que nous n'entrevoyons que dans une vaine échappée et sous les espèces de la négation totale de ce que nous sommes au présent, gains compris ? Cette échappée nous illumine, nous brûle, mais elle ne nous appartient pas. Le temps ne débouche en aucune façon sur l'éternité, ce qui revient à dire qu'il n'y a point d'éternité *vivante*. Ce qui *est* ne vit pas.

J'ai toujours approuvé, parce qu'il me semble fondé en raison, le parti pris des mystiques qui ne situent la vie authentique de l'âme que dans l'*humilité* parfaite. La valeur de l'humilité repose simplement sur la reconnaissance du fait que ce qui est de l'homme n'a strictement aucune valeur. Ce sont moins nos vices, nos « péchés », nos mouvements de colère et de haine que nous devons tenir pour nuls et sans consistance, que nos élans de vertu, de bonne volonté, de charité, et surtout, que nos « bonnes actions », parce qu'ils apparaissent sans fondement à toute conscience capable de s'analyser avec scrupule. Non seulement notre vie morale, pour épurée que nous la voulions, tombe au néant, mais encore au fur et à mesure que notre essence se fait, elle se révèle à elle-même comme « ayant été » totalement déterminée. Elle tient toute dans une minute, la dernière, qui est nécessitée à la fois à s'abolir aussitôt et à être ce qu'elle a été. Car on ne peut pas devenir (être devenu) ce que l'on est, « bon » ou « mauvais ». Nos fantomalités particulières nous échoient.

Le vrai problème — celui que chacun est contraint d'aborder même quand il l'élude — est posé par la nature de nos rapports — au demeurant incompréhensibles — avec l'être inconnu qui nous rappelle à chaque instant que nous ne sommes que *nihil*. Double *nihil* en vérité : néant du passé par rapport à l'être, néant du déterminisme, ou de la coexistence nécessaire, par rapport à la liberté. (Mon essence se réalisant toujours au prétérit et comme en mon absence, je ne suis pas un étant mais un *résultant*.) Puisqu'il nous nie, il est bien assuré que le personnage qui nous parle — ou plutôt : qui nous *interrompt* — est l'être, ou, du moins, qu'il offre plus d'être que notre moi fantomatique. Puisqu'il refuse de nous confondre aux subtils mécanismes que nous croyons être, il est libre. Mais qu'a-t-il de commun, et qu'a-t-il à faire, avec notre moi habituel, le seul auquel nous tenions ? Si la vie éternelle a pour effet de nous dépouiller de notre néant, de nous purifier de cela que nous ne sommes pas, que restera-t-il de nous ? Comment nous retrouverons-nous en cet esprit étranger qui rejette toute notre histoire ? En quoi d'ailleurs, celle-ci mériterait-elle d'être éternisée ? Comment, au surplus, la reconnaîtrions-nous pour nôtre. (Il n'y a pas de pensée qui ne se formule comme « je », mais toutes les consciences, à supposer qu'il fût possible de les détacher de leur contenu, contingent et variable, seraient *la même* dans l'acte où elles se saisirent comme « je ».) Nous confondrions aussi bien la nôtre avec celle du prochain, comme faisait, paraît-il, de son vivant, le bon curé d'Ars, qui se retrouvait le plus naturellement du monde dans la conscience pécheresse d'autrui.

Car si nous ne sommes pas dans notre légende privée, mais dans un je ne sais quel « Soi » qui méconnaît nos limites et notre identité, il ne nous reste plus qu'à happer, du haut de cette réalité suprême, d'autres existences passagères, aussi amnésiques que la nôtre, et à nous confondre avec elles. Dans cette vie même ne nous arrive-t-il pas de voir des *fantômes inconnus* passer dans le champ de notre destinée et nous introduire bien malgré nous dans des aventures auxquelles nous ne comprenons rien. Nous ne savons plus qui nous hante ni qui nous hantons.

Pourtant l'immense inconscient qui connaît tout et nous-mêmes est sans doute le seul garant de notre précaire existence. La réalité authentique est de l'autre côté. Je me demande parfois si ce n'est pas à cet être obscur que *nous sommes sacrifiés,* si ce n'est pas lui que *nous avons mission de sauver,* et si chacun de nous n'est pas le rédempteur transitoire d'un Double qui le *remplacera* et qui n'existe que dans la mesure où ce qu'il manifeste n'est pas.

La présence, le long de moi, de ce Double inconnu, je la sens cependant aujourd'hui beaucoup plus fraternelle. A force de tout nier le Diable s'est perdu. A force de nier l'être, il m'invite, bien malgré lui, à nier le néant.

Il me souvient d'une journée lumineuse, aiguë et froide de janvier — dont je sentais le vif azur entrer moralement dans la tiédeur de la clinique — où à l'occasion d'une opération sans gravité, il me fut donné de faire pour la première fois l'expérience du néant ou de son image approchée. Anesthésie ! me serais-je volontiers écrié, ô la plus efficace des saintes du calendrier ! J'ai trouvé à la plongée dans le noir qu'elle m'a procurée une saveur d'absolu parfaitement délicieuse. Et longtemps après il m'en reste l'impression d'avoir subi je ne sais quelle initiation égyptienne. J'étais comme rassuré, réconforté : je pouvais témoigner du « moi » que j'avais, quelque temps, cessé d'être.

Tant qu'on a un corps, c'est l'esprit qui paraît être un quasi-néant. Mais qu'on soit transporté dans l'esprit qui toujours veille à l'écart, alors c'est le corps qui s'efface. J'étais retranché de mon corps et de tous ses mécanismes *qui nous tiennent lieu d'esprit*. Car il n'est pas douteux que le corps pense par lui-même. Peut-être faut-il simplement qu'il ait été *allumé* par l'esprit. Et si l'esprit le déserte il continue à imiter parfaitement toutes ses actions, sauf celles qui émanent de sa profondeur inconsciente. Les machines, me disais-je, sont inconscience étalée, mais *elles n'ont pas d'inconscient*. Le corps est tout, presque tout, pourvu qu'il soit en *contact* avec ce qui le contient.

S'il se fait opaque à la crépitation de l'être, à son éclair toujours recommencé, le corps retourne à sa solitude qui est néant et ténèbres. Il me semblait que l'anesthésie ne m'avait pas ôté la conscience, mais qu'elle l'avait seulement séparée d'un autre être dans lequel j'étais en train de dormir et où il aurait fallu que j'apprisse longtemps à me réveiller. J'étais dans cet être inconnu que l'on est en rêve et en lequel on voudrait s'éveiller, *par les yeux duquel* on voudrait voir la lumière. C'est le témoin oculaire qui manquait.

Seule la mort peut nous faire tourner ainsi sur nous-mêmes à la façon d'une planche peinte sur ses deux faces. Et c'est dans mon « moi » habituel que je me suis retrouvé en rentrant dans mon corps. L'opération (métaphysique) était manquée.

Elle m'a laissé la certitude que le néant est *temporel.* Le néant n'existe, me répétais-je, qu'enveloppé de temps : il ne peut s'ouvrir qu'entre deux états de l'être. La vieille image du vide contenu dans l'amphore n'est point si bête. Le néant est la nuit absolue en intensité, en qualité, mais aussi en discontinuité et, comme l'avait ressenti Robert Fludd, il est toujours captif de l'Être suprême. On ne saurait le concevoir que comme un retrait, une raréfaction temporelle de l'être, apparus entre les pulsions successives, qu'il sépare pourtant de façon absolue, de la création continuée : il n'est éternel que dans sa possibilité. « Dieu, disait le cabaliste Isaac Luria, a voulu faire un néant où créer le monde et par conséquent il se retira d'un point au lieu d'être sa concentration en un point : il s'exila de lui-même en lui-même. »

Je ne sais si ce Dieu existe et si c'est lui qui a ainsi *créé* le néant. J'inclinerais plutôt à croire qu'il le subit toutes les fois qu'il se manifeste en espace-temps, mais je vois bien que la création est un néant *qui veut être franchi,* comme l'intervalle atone du rythme l'est par les temps forts, sans que je sois d'ailleurs mieux éclairé sur la nature de la surabondance vitale qui entraîne les uns à sauter les points de néant, que sur la cause de l'insuffisance ontique qui interdit aux autres de prendre leur élan.

Vais-je m'exalter à l'espoir imaginaire de pouvoir sauver, quand viendra le moment d'affronter la vraie mort, celui qui me sauve, et de passer ainsi du « Sauveur-sauvé » au « Sauvé-sauveur » ? Vais-je m'endormir dans la certitude (imaginaire) de me réveiller cette fois un autre dans l'autre ? Comme il doit être difficile, pour le moi temporel, de se séparer de son propre néant qui, inexplicablement, lui a tenu lieu de Tout pendant si longtemps et de se reconnaître en ce Double qui — lui fût-il identique — n'est lui que par substitution !

Je rêve parfois d'un bonheur qui serait un phénomène cosmique, un pollen astral à respirer. Ou plutôt un équilibre, l'équilibre du monde à assurer, comme s'il ne tenait qu'à nous d'avoir le poids de l'être.

Tantôt la joie de l'univers nous saisit, nous traverse, quoi que nous pensions d'indigne, quoi que nous fassions de désaccordé. Tantôt le bonheur de tous les cieux semble exiger que nous acceptions notre destin comme si nous l'avions choisi, et c'est alors notre sagesse qui fait la preuve que les étoiles sont liées les unes aux autres, et nous à elles : le microcosme au macrocosme. Rien ne peut s'écrouler si nous ne trébuchons pas. Naturellement, nous ne sommes pour rien dans la sérénité qui nous advient d'ailleurs ; nous dépendons de l'imagination universelle qui met chaque chose à sa place dans la coexistence des démons et des dieux.

Que nous soyons inégaux à nous-mêmes et la mort vient aussitôt fêler la glace dont nous sommes le tain. Que nous mourions et aussitôt *la même vie* monte et fait le plein dans le cosmos. C'est par notre mort vivante que s'aveugle la faille soudaine qui s'ouvre dans la coexistence.

Peut-être sommes-nous vraiment la mesure de toutes choses, puisque c'est en nous que s'établit à chaque instant le *niveau d'être* de l'univers. En chaque homme qui pense on dirait que le néant se rachète. En chaque homme qui voit, le réel passe à l'invisible. A nous de devenir le bel objet d'une « conscience-sans-nous », un reflet de l'imaginaire impersonnel !

Mais quelle liberté nous reste-t-il ? Celle de nous effacer devant les lois désolantes du cosmos, *assurés que nous sommes qu'il ne laissera pas notre place vide ?* Celle d'accepter notre finitude comme si nous étions déjà morts dans le passé divin ?

Bien sûr, mon Dieu, mais si vous n'existez pas !
Et pourtant, Être suprême, si tu existais !

13. Éloge du manichéisme.
Hasard et Anti-hasard

Le manichéisme est la seule religion qui se soit toujours refusée à réintroduire l'Histoire dans le divin ou à la tenir pour une expression de Dieu. Il a osé faire une place privilégiée, dans l'économie du cosmos, au hasard parfait, au chaos, à l'absence absolue d'intelligibilité et par conséquent, au Mal qui, s'il était tant soit peu intelligible, ne serait pas le Mal. A tout cela il a donné un principe obscur, mais éternel, obligeant ainsi le vrai Dieu à quitter ce monde pour devenir transcendant.

C'est par hasard, disent les mythes manichéens, que les ténèbres sont entrées en contact avec la lumière et qu'elles l'ont partiellement dévorée. L'organisation de l'univers a eu pour point de départ une aventure contingente, que rien ne peut expliquer, au cours de laquelle le Hasard s'est révélé opposé à l'Ordre, sans réussir cependant à le ruiner absolument. Il n'a abouti qu'à forcer *l'Anti-hasard* à manifester sa Toute-présence.

Je ne vois rien de plus profond, ni de plus conforme à ce que nous constatons en nous-mêmes et dans la succession des phénomènes, que cette doctrine implacable qui a au moins l'avantage de ne pas chercher à nous consoler à tout prix de notre absurde condition.

Si l'on s'en tient, en effet, au strict matérialisme, si l'on postule le primat de la « matière » — je veux dire : de ce qui ne pense pas — sur ce qui pense, on est contraint d'expliquer l'apparition des choses et, au second degré, celle de l'esprit, par une donnée première chaotique et hasardeuse.

Même si le cosmos a toujours existé, le néant lui est logiquement antérieur et l'on doit admettre que c'est sans cause, sans raison et par hasard qu'il en est sorti — ou qu'il en sort — éternellement. C'est par hasard que l'Être a explosé hors du Rien.

Sans doute peut-on risquer l'hypothèse que l'Ordre découle, — nécessairement ou encore par hasard ? — d'une infinité de désordres qui s'annulent. Mais quand même cela serait, il faudrait encore constater la présence, à côté du Hasard, d'un Anti-hasard qui, pour apparent et non essentiel qu'il fût, engloberait, réduirait, limiterait les désordres contingents.

L'esprit n'a le choix qu'entre deux solutions ; ou bien Hasard et Anti-hasard sont, en fin de compte, une seule et même chose, et sont, pour ainsi dire, *interchangeables* ; ou bien, il y a un affrontement perpétuel du Hasard et de l'Anti-hasard et, par conséquent, un « monde du Mélange » où règnent conjointement un hasard souvent mis en échec et une nécessité toujours menacée. Ce qui ne semble pas trop contredire l'incertaine réalité à laquelle nous voyons que nous participons.

Je veux ignorer pour l'instant si l'Anti-hasard sort du Hasard à la faveur de ses répétitions contradictoires dans le temps indéfini, ou si, par ses échecs, il prouve au contraire que lui résiste une nécessité antagoniste et positive, voire un *Dieu de la Nécessité* : je constate simplement en moi et autour de moi l'insistance d'un ordre réducteur.

Quand je dis : en moi, je veux dire : dans la nature, car je ne sais pas du tout si je suis un « moi », mais je sais bien que si je pense, quelque chose pense dans la nature, et même, en dernière analyse, *que la nature pense*. Il y aurait, en effet, de la naïveté à mettre l'homme dans la nature pour expliquer par elle comme il pense et à l'en retrancher ensuite pour refuser à la nature la faculté de penser.

Cela ne résout certes pas le problème. Ma pensée — et celle de la nature — peuvent être le résultat de mouvements chaotiques fortuits et n'avoir ni raison d'être ni cause stable, bien qu'elles se présentent en moi comme Anti-hasard. Pourtant c'est ma conscience qui imprime son ordre sur la nuit du chaos, qui donne l'être aux ténèbres. Fût-elle celle d'un fou, la pensée ne laisse pas de découper des idées et des formes dans l'Indéterminé. Normalement elle est éprise de nécessité et elle s'épanouit, comme chacun sait, dans la raison qui ne sait appréhender les choses que sous la catégorie du nécessaire. Bienheureuse nécessité sans laquelle nous serions réduits au hasard et à la liberté folle ; sans laquelle nous n'aurions point d'autre existence que celle qui naît du désordre des éléments, et que la folie, précisément, porte à la suprême puissance en projetant sur les ténèbres ses éclairs disloqués !

L'Anti-hasard est encore dans le passé irréversible. C'est grâce à lui que nous *sommes* la coexistence de l'être et du néant, du passé et du futur, et la part de fatalité qui nous oppose à nous-mêmes. Nous *pensons* l'Anti-hasard. Comment le hasard parviendrait-il à penser la nécessité ? Il pourrait la miner de l'extérieur mais non point l'établir subjectivement. Or, nous la respirons comme l'air, nous la subissons comme l'attraction universelle, et il est évident que nous nous réfugions en elle comme en cela même qui nous fonde.

Si dans ce monde le hasard est aux prises avec la nécessité, l'existence de Dieu se confond avec celle de l'Anti-hasard. A moins de donner dans des fantasmagories, il n'y a peut-être pas d'autre façon de concevoir ce Dieu, car *l'ordre ne serait qu'un cas particulier du chaos*, s'il ne correspondait point à une exigence stable et même éternellement stable. Il y a un ordre qui *peut sortir* du hasard et un autre *qui empêche l'ordre de sortir du hasard*. C'est ce dernier qui est vrai Dieu.

Mais rien ne s'oppose à ce qu'il y ait deux dieux ou deux natures contraires : le chaos et le Fortuit contrecarrent la nécessité et la substance. Les manichéens n'ont point fait d'autre hypothèse.

Il est évident que le hasard ne peut pas devenir à *tout jamais* l'Ordre. Il en est toujours empêché à la fin par les « lois » qui, mystérieusement, le régissent de l'extérieur et le plient, dans les répétitions indéfinies, dans les grands nombres — à la nécessité qui le nie. Pourquoi s'annule-t-il en vertu de la loi de Bernoulli ? Pourquoi peut-on jouer sa tête à pile ou face sur la certitude que le côté face, sur trois mille coups, sortira un nombre de fois compris entre 1 300 et 1 600 ? Dans le monde du Mélange, où tout n'est pas fortuit — ni nécessaire — il semble que le fortuit ne puisse se substituer *fortuitement* à la nécessité que pendant un certain temps. Le hasard est condamné à être l'Unique : il ne respire que dans la finitude. Mais comment expliquer que le sans-cause soit ainsi contraint d'obéir à une nécessité qui répugne à sa nature et qui ne le limite que *temporellement* ? Le Dieu de la Nécessité est transcendant et n'agit que *de l'extérieur* sur le multiple.

On objectera que la notion de hasard est une idée fausse, que le hasard n'existe pas. Il est probable, en effet, que dans le monde, tel que nous le découpons, il n'y a point de hasards empiriques. N'empêche que je puis parfaitement me représenter, au point de départ unique de toutes les prétendues séries causales, et comme étant à l'origine même de l'Être, le hasard absolu. En vérité, même, je ne puis concevoir autre chose. Car s'il est difficile d'admettre qu'un phénomène qui s'est produit aurait pu ne pas se produire, il l'est encore plus de découvrir une raison suffisante au jaillissement de l'être hors du néant.

Que si l'on se représente le monde comme soumis à l'ordre dès l'origine — c'est-à-dire : à l'origine des temps — dès que l'être fut sorti du non-être (encore qu'il soit à peu près certain que ce qui est apparu d'abord ce fut le chaos, c'est-à-dire un désordre *à surmonter*) — il faut proclamer l'existence d'un Dieu de la nécessité, et même d'un Dieu unique capable de garantir à ce qui existe l'impossibilité de ne pas exister. Mettre en avant les « lois », croire que l'apparition et l'évolution sont soumises à des lois universelles, *c'est croire en Dieu*. On n'est point athée, si l'on n'installe pas le hasard absolu au cœur du monde. Et le seul athéisme défendable est celui qui affirme que l'être — issu du néant — *doit employer toute l'éternité* à réduire la résistance du hasard qui est néant.

Le manichéisme n'est pas un dithéisme, mais un athéisme juxtaposé à un théisme. Pour lui, le hasard, bien qu'il ne puisse pas s'imposer de façon absolue à toute la manifestation, en raison de la présence de l'Anti-hasard, fait sentir ses effets sur la totalité de ce qui existe, et cela, éternellement — ou plutôt indéfiniment — et il parvient même à construire des structures relativement stables, à édifier un semblant d'ordre, grâce à l'indéfini où il se meut et à la durée toujours renaissante et toujours reconduite où il exerce son activité sans cause. Rien dans le monde n'échappe à la corruption qui n'est jamais que l'*extinction progressive de l'apparition contingente*. Les étoiles elles-mêmes ne sont pas pures. *Stellae non sunt mundae.*

Si le hasard se transforme en apparence d'ordre dans l'accumulation des temps, s'il acquiert quelque fixité dans la succession des chaos, il ne peut point se survivre dans l'éternité véritable : ni en tant que principe du Désordre, ni sous le masque de la *Pseudo-nécessité*. Hasard et éternité s'excluent. Dans l'éternité telle que la conçoivent les manichéens, il ne se passe rien. Rien ne change, rien n'évolue. Il n'y a point de grands nombres, point de coups de dés répétés sans fin. Tout au plus pourrait-on supposer que tous les hasards possibles s'y trouvent réunis à la fois et qu'ils s'y annulent en même temps, *par nature* et non point par l'effet de leur accumulation numérique. *L'éternel est le Tout-possible dans le temps, et le Tout-puissant à la fin du temps.*

Le hasard, qui ne peut se manifester qu'en temporalité, est toujours passé et dépassé. Il ne mord jamais sur l'éternité où tout est contenu d'avance.

Et même dans le temporel, le principe d'indétermination qu'il représente ne prend place dans l'ordre essentiel qu'en s'insérant dans les intervalles de temps où il est toujours sur le point d'expirer devant l'éternité qui le consume et l'anéantit. Le hasard n'affecte que l'existant et n'appartient qu'à la durée. L'éternité par rapport à lui est toujours *future*.

*
* *

On sait que le dualisme manichéen n'oppose pas seulement le Hasard à l'Anti-hasard, mais aussi le chaos à la structure, la contingence à la nécessité, la « matière » (que nous ne pouvons saisir, telle qu'elle est ou n'est pas, ni par les sens ni par la pensée, puisqu'elle est re-création perpétuelle, commencement absolu, et dans son devenir, négation de toute cause) à l'esprit ; le temps enfin, à l'Éternité.

A tous les degrés de l'Apparition, on trouve ce même déchirement de l'être, cet antagonisme de l'être et du néant. « Geste, parole, existence, écrivait Joë Bousquet, toute présence s'associe son absence, et sa manifestation est au prix de cette contradiction. Tout ce qui est se supprime et l'équivalence de ces forces contraires revêt les corps de leur consistance et de leur éclat... Le jour n'a pas la nuit dans sa poche ; la nuit n'est pas l'ombre du jour. La lumière

ne se manifeste qu'associée aux radiations de la nuit minérale, nuit de source qui est la même dans toutes les profondeurs matérielles, utérines, organiques... »
A vrai dire notre conscience ne sait que juxtaposer, dans le temps de la pensée, l'être que nous ne sommes pas et celui aux yeux duquel nous sommes toujours un autre.

C'est le manichéisme qui rappelle à l'homme que son origine est impure et que, s'il porte en lui l'empreinte en creux de l'Être suprême, il est surtout le point d'aboutissement de tout ce qui s'agite dans le chaos et que l'on appelle le Mal. Car, pour Mani (qui s'inspirait d'ailleurs de Platon), le Mal « aimant le désordre et la difformité, résulte d'un principe aveugle inhérent à la matière informe, et il l'agite en tous sens et de toute éternité par des mouvements irréguliers. Aussi, lorsque Dieu voulut former le monde, fut-il empêché d'y établir le mieux en toutes choses. La matière chaotique résiste à l'ordre et aux lois que veut lui donner la cause efficiente »...

L'être des choses est divisé contre lui-même : il est à la fois matière et anti-matière. Et le Rien qui explose en lui sans temps, sans lieu, sans lois, c'est le Mal.

Deux natures irréductibles l'une à l'autre, ayant chacune son éternité — le hasard, en vérité, n'ayant à sa disposition que le temps indéfini. Deux natures qui sont contraintes par le jeu même des forces aveugles à entrer en contact : l'une étant expansion fortuite, l'autre tendant par essence à empêcher le hasard de mimer la nécessité. Le hasard, nous content les *Écritures manichéennes*, s'exerçant indéfiniment a permis une fois aux Ténèbres d'envahir la Lumière : un coup de dés a manifesté le hasard victorieux. Mais la nécessité éternelle a interdit au mal aléatoire de renouveler sa subversion et au monde du Mélange de s'évader du temps : aucune série de coups de dés ne supprime le hasard. La stabilité apparente qu'il peut instaurer temporairement s'écroule sur un nouveau coup de dés. L'histoire tout entière, pour autant qu'elle épouse la direction générale d'une fin éternelle, demeure chaos dans son essence, désordre et confusion dans sa matière vivante : *on ne verra pas deux fois la subversion de Dieu.*

Seulement, pour fortuites que soient les manifestations du Démon (le manichéisme appelle Démon le principe inconscient du Chaos et de la Corruption), elles n'en deviennent pas moins de véritables causes, irréversibles et positivement déterminantes, une fois qu'elles se sont produites. Un coup de dés force Dieu — ou l'Anti-hasard — pour parler selon l'esprit du mythe, à modifier le plan initial (?) de sa création, à la temporaliser ; bref, *à tenir compte de la présence du néant dans le monde.* Sans doute le chaos ne peut-il pas surmonter éternellement l'ordre des essences : la temporalité demeure sa prison. Mais le coup de dés satanique a eu pour conséquence d'imposer à l'Être suprême la transcendance, par rapport à cette création viciée qu'il doit laisser en proie aux forces contraires qui s'affrontent dans le Mélange.

Car si les « à-coups » du hasard n'entraient point comme *causes définitives* dans l'organisation du Cosmos, la nécessité divine n'aurait pas de prise sur leur néant : elle ne pourrait ni les réduire ni les changer de signe pour les absorber. C'est sans doute ce que signifie le mythe manichéen de la chute d'une partie de la substance divine dans le chaos de la matière. Il faut pour que le Hasard se détruise lui-même qu'il se change, au prix d'une monstrueuse contradiction, en illusoire nécessité. Le Dieu de l'Anti-hasard se laisse « dévorer » par le hasard pour faire la preuve que ce dernier ne peut pas se hausser jusqu'à la substance. « En absorbant la substance divine, les démons s'empoisonnent » : la signification du mythe est claire : les démons sont rendus à leur néant premier, dès qu'ils sont entrés en contact avec l'être. Leur structure qu'ils avaient usurpée, *par hasard*, ne se maintient pas en face de l'ordre éternel : elle retombe aussitôt au fortuit et au chaotique.

La signification ésotérique du Mythe va plus loin encore : si les puissances matérielles, chaotiques, temporelles, *sans nature définie*, ne se pénétraient point d'esprit « contre leur gré » (entendez : par un effet du hasard se retournant contre lui-même), ce sont elles qui submergeraient alors l'esprit divin de leurs ténèbres, de leur pure extériorité matérielle et de leur inconscience machinale. Il n'y aurait dans l'univers que matière et hasard, et l'Esprit ne pouvant plus s'y manifester serait comme s'il n'était pas. Dieu répond aux tentatives indéfinies du Mal *par une sorte de sacrifice de ses possibilités éternelles*.

On a parfois l'impression que les manichéens se sont bornés à transposer en valeurs métaphysiques ce qu'ils croyaient constater dans la psychologie de l'homme. Il est de fait que des déterminismes aveugles nous asservissent, qui ne sont peut-être dans leur nature véritable que contingence et hasard. Mais s'ils viennent à se penser en nous comme véritablement nécessaires, s'ils sont intégrés à l'Ordre de l'Anti-hasard, alors ils nous donnent une essence. Et s'ils accèdent en nous et par nous à plus de conscience encore, ils nous apportent sinon la liberté, du moins la libération. Nous savons alors que nous ne sommes pas ce qu'ils nous font être, que nous ne sommes pas matière désordonnée et chaos, cette matière et ce chaos prendraient-ils, statistiquement parlant, un semblant de constance et de continuité.

Pour Mani il n'y a aucun ordre, aucune perfection, ni tendance à la perfection, dans les bas-fonds du règne naturel de Satan. Les éléments derniers du monde sont des formes impures et leur discontinuité traduit le passage en eux du néant : ils sont instantanés, imprévisibles, mouvement perpétuel à l'intérieur du Passé. Leur désintégration même est toujours au passé, bien qu'ils resurgissent d'eux-mêmes sans fin et entretiennent sous toutes choses le flux du chaos...

Rien n'est plus opposé que cette théorie aux considérations métaphysiques de la plupart des religions et des systèmes « spiritualistes », pour lesquels « l'erreur consiste à considérer Dieu non comme un créateur qui tire du néant la matière et qui la constitue, mais, au pied de la lettre, comme un ouvrier qui se contente de l'ordonner et de la façonner » (Kant). Et l'on sait que pour Kant, précisément, il était nécessaire qu'il existât dans les possibilités mêmes des choses une aptitude à l'ordre et à la perfection en rapport avec l'infinie sagesse de Dieu.

En vérité, en faisant la part si belle à la réalité incohérente et discontinue, Mani nous présente une conception du monde qui n'est pas très éloignée de celle que s'en font les divers « matérialismes » modernes. Il ne serait point difficile de faire contenir toute l'œuvre scientifique de ces dernières années — traduite, évidemment, en langage philosophique et envisagée d'un point de vue très général — dans le *Mal* manichéen, c'est-à-dire dans le monde de l'énergie inconsciente, naissant et renaissant spontanément d'elle-même.

A n'en pas douter, les pouvoirs irrationnels de la matière chaotique sont quasiment illimités : ils peuvent imiter, par hasard (c'est-à-dire : sans fondement véritable, tout l'ordre spirituel) et cela jusqu'au point où ils le remplaceraient presque et rendraient Dieu inutile. La matière chaotique peut faire apparaître l'« âme », la vie et la pensée. Tout porte à croire que la plupart des « âmes » qui viennent au monde aujourd'hui sont purement *hyliques* (comment le Prince de ce monde, s'inspirant de la pensée de nos savants et l'inspirant en retour — il n'a point d'existence sans eux — ne serait-il point parvenu à introduire enfin, dans les enchaînements de la génération, des âmes de sa façon, très complexes mais absolument mécaniques ?).

Rien ne sépare les possibilités du hasard des véritables possibilités divines qu'un mince fil d'éternité. Il faut aller au moins aussi loin que Spinoza et reconnaître que les pouvoirs du corps sont merveilleux. Si merveilleux qu'ils ne se distinguent de ceux de l'« esprit » que par l'aptitude à entrer dans l'éternité, dont semblent doués les esprits et dépourvus les corps.

Si à côté du Monde malin — le seul que nous connaissions — il en existe un autre : celui de l'esprit pur, lequel nous est parfaitement inaccessible ; s'il existe des points de contacts entre les deux, rien ne prouve que nous puissions passer de l'un à l'autre, sinon par hasard — ou par l'effet de l'envers divin du hasard qui est grâce.

Il n'y a pas plus de raisons pour que la surabondance éternelle, la sur-excellence naturelle de l'éternité sur le temps nous rattrape et nous consume, qu'il y en a pour qu'elle nous annule à jamais.

Il s'en faut peut-être d'un instant éternel — toujours futur, et la Grâce tient à cet instant — *que les deux mondes soient interchangeables*. Il s'en faut peut-être d'une pensée éternisée — la dernière — que nous passions de la vie à l'être et d'un ordre à l'autre.

Il s'en est fallu également de peu — d'un hasard peut-être — que l'« Homme primordial » du manichéisme ne fût absorbé complètement par les démons et ne devînt lui-même l'équivalent d'un être matériel. Pourtant il s'est obstiné, disent les anciens mythes, à nier la matière.

Cela signifie que l'âme ne peut point s'abolir tout entière dans l'ordre illusoire du chaos. Si elle le pouvait, la preuve serait administrée, non point, certes, que la matière peut se transformer d'elle-même en esprit, mais que le chaos et le hasard peuvent se substituer, sans autre catastrophe, à l'Esprit et à la Nécessité.

Le sacrifice d'un Dieu n'a guère de signification que dans des perspectives manichéennes. Comment, en effet, la mort volontaire et ignominieuse d'un Dieu sur un gibet aurait-elle pour effet de libérer les hommes de la mort et du péché ? Le Dieu sauveur, c'est celui qui se montre capable de faire ce que le Démon n'a pu faire, c'est-à-dire : transformer en esprit la matière inconsciente, et *prendre un corps*, non point pour y obéir à tous les hasards et s'y perdre dans toutes les voluptés, mais pour y accepter au contraire la douleur que seul l'Esprit peut changer en amour.

Tandis que la mort n'a pu engloutir l'Être, l'Être, lui, engloutit la mort. *Deglutiens mortem ut vitae aeternae heredes efficeremur* (I, Petr. 3, 22).

Eschatologie. La sagesse divine ne supprimera point le désordre : il est éternel lui aussi. Mais elle l'enfermera dans le *Bôlos* (enfer et chaos), le réduira, dans une certaine mesure, *en enfermant le temps dans l'éternité*. Il n'est pas davantage possible à l'Être suprême d'anéantir l'Enfer qu'au Néant d'abolir le Paradis. C'est dans cette opposition éternelle du néant et de l'être que se marque le mieux ce qu'on a appelé le pessimisme manichéen. Elle rend, en effet, impossible l'*Apokatastasis* Origénienne qui semble avoir servi de modèle à tous les mythes eschatologiques de religions consolatrices. Cette réunion des contraires, « dont le problème, disait C. G. Jung, se posera au seuil de l'*aeon* dans lequel nous entrons », ne doit rien laisser au chaos, au temps, à la stupide liberté du « moi ». Or, les diverses expressions du Hasard originel paraissent être irréductibles à l'ordre. Et pour que Dieu soit, il faut qu'*il transcende ce qu'il n'est pas*, et qui a, sans lui, toujours été. Dans le macrocosme comme dans le microcosme, *la vie et la mort s'entremêlent pour sauver l'Être du néant*.

14. Moi, mon hôte

Nos jeunes gens se dédoublent à perte de vue. Une de mes amies qui les fréquente beaucoup et qui les aime sans pitié m'a dit un jour : « Ils se méprisent, mon cher ; ils sont fiers de se mépriser ! » Bien sûr. Ils se méprisent d'être fiers de se mépriser : ils sont tout fiers d'avoir l'audace de se mépriser d'être fiers de se mépriser... Mais c'est toujours la satisfaction de soi qui a le dernier mot.

Orgueil et vacuité. L'envie d'être content de sa personne est première : elle peut se passer de tout contenu. On s'enorgueillit de tout et de rien, selon son tempérament et ses astres de naissance : d'être riche ou d'être pauvre, d'avoir pris part à une guerre ou à une révolution ; ou d'avoir échappé bassement à l'une ou à l'autre ; d'être en pleine forme ou d'avoir attrapé la vérole, de vivre dans un siècle facile ou dans des temps d'Apocalypse... Il y a des gens qui vieillissent par vanité.

Ce garçon, qui siffle dans la rue d'un air glorieux, est tellement sûr d'être au monde qu'il n'en est pas encore revenu. Je préfère, somme toute, l'humilité qui a plus de chances, elle, de venir d'ailleurs.

Nos convictions, je le sais, ne reflètent que la nature de nos tempéraments particuliers : elles sont justiciables de la caractérologie de chacun. Cela suffit à leur enlever à peu près toute valeur. C'est toujours mon portrait que je trace. Il y a des esprits qui sont portés, du fait de leur humeur native, à tout imaginer, partant, à tout concevoir selon un schéma de continuité. Un optimisme inné leur donne confiance en toutes les vertus possibles de l'évolution. Pour eux tout évolue : la matière devient esprit, l'homme devient surhomme, le temps devient l'éternité ; Dieu lui-même « devient ». Il est évident que dans tout idéalisme, c'est notre subjectivité qui s'infinise de la sorte. Mais également dans toute critique.

Il en est d'autres — j'appartiens à leur groupe sans l'avoir fait exprès et sans plus de raisons, je le reconnais, et sans croire surtout que ces raisons seraient plus décisives — qui sont déterminés, aussi naturellement, à penser que des barrières néantissantes séparent de façon absolue les différents ordres ontologiques ; et qui ne peuvent pas mieux concevoir l'insertion de leur misérable humanité dans un être éternisé, que la possibilité pour un serpent de vivre comme un oiseau. Si le reptile est devenu oiseau, c'est qu'il a été changé dans sa totalité en oiseau. Si nous devenons habitants de l'éternité c'est que nous aurons mué, c'est qu'on nous aura vidés de notre néant pour nous fonder dans l'être.

On pourrait ranger les hommes en deux catégories selon leurs vues eschatologiques. Comme il est assuré qu'ils ne se décident point ici sur des raisons valables, puisque le futur est inconnu, il suffit d'examiner dans quel sens ils *prophétisent*. Car tout le monde prophétise. Pour les uns, peu importe qu'ils soient communistes, catholiques ou musulmans, *la fin des temps sera réussie* : on y verra la société sans guerre, sans classes, sans crimes, sans maladies. Le nombre des condamnés à l'enfer, au jour du jugement sera minime.

Pour les autres, c'est tout le contraire : le cosmos *finira très mal* : par une explosion du soleil ou l'éclatement de la terre ; et le catholique pessimiste tremble à l'idée qu'il y aura peu d'élus et que peut-être il ne sera pas du nombre.

Nous escomptons notre mort en créant le monde de nos instants vitaux, en le faisant apparaître *au prix de notre énergie nerveuse*. La chimie des sensations est coûteuse. Et quelle substance plus précieusement vitale ne dépensons-nous pas pour faire surgir, à la façon du prestidigitateur, une rose, un oiseau, sous la *catégorie du beau ou du présage* ? Tout spectacle de beauté, toute figuration du Fatidique, nous font mourir un peu dans l'exacte mesure où ils nous vampirisent.

Dans l'*Origine du langage*, de Bonald oppose à l'époque moderne le bon vieux temps : « On ne parlait peut-être pas tant, dit-il, du moins par écrit, parce qu'on pensait moins vite et plus mûrement. » Je ne sais si l'on pense plus vite aujourd'hui, mais sans aucun doute la pensée est devenue moins bavarde et plus agile. Et quand il ajoute : « Il y avait beaucoup moins qu'aujourd'hui de cet esprit qui consiste à saisir des rapports éloignés, imprévus, souvent superficiels et quelquefois faux entre de petits objets », il ne croit pas si bien dire, au moins en ce qui concerne la poésie. Car la poésie authentique, ancienne et moderne, mais surtout moderne, consiste bien à jeter entre les objets des rapports éloignés et *faux* (faux quant à la raison et à la vérité pratique). Mais ces rapports, s'ils sont vraiment poétiques, ne sont pas forcément superficiels, ni ces objets, petits.

La profondeur poétique ne peut être que de deux sortes : ou bien elle naît, en effet, de l'écart considérable qui sépare les idées, les sentiments, les sensations ainsi mis en rapport ; et dans ce cas, elle correspond à de l'imaginaire idéal, *extraverti*. Ou bien elle répond à une véritable intériorisation de l'image-rapport, sentie viscéralement et comme affectant presque la motricité de l'être physique ; et elle est *introvertie*.

L'évidence elle-même, pour devenir poétique, s'approfondit au lieu de s'étaler, se *meut* dans l'imaginaire, comme ces souterrains, dont parle Chateaubriand, « qui se taisent profondément ».

De toute façon on a affaire, avec l'image poétique, à une ressemblance qui ne ressemble pas et qui, pour s'imposer à l'esprit, doit dépenser du temps.

Schopenhauer : inventeur de l'inconscient et peut-être de la psychanalyse. « Dans les rêves de l'autre sorte (il vient de parler de ceux dont la nature est de servir à une fin organique) la chose que nous désirons le plus vivement rencontre toujours de nouveaux obstacles, que nous nous efforçons en vain de surmonter, pour finalement ne pas arriver encore au but. Qui crée ces empêchements et, coup sur coup, fait échouer nos plus vifs désirs ? Ce n'est pourtant que notre volonté propre, mais notre volonté provenant d'une région située bien au-delà des conceptions conscientes du rêve et qui, par suite, intervient là comme un destin implacable. *Mais ne devrait-il pas pouvoir en être de même du destin dans la réalité ?* »

L'admirable remarque d'Aristote : « Dans le rêve même, c'est encore par l'imagination que nous nous représentons les choses absentes. Cela prouve que pendant le rêve l'imagination ne s'épuise pas tout entière à le fabriquer, qu'il en reste de disponible, et que, par conséquent, elle n'est pas elle-même le seul *medium* ou organe du rêve. »

Quand j'étais enfant, on voyait encore dans les petites gares herbeuses des « plates-formes » qui, après avoir reçu l'impulsion d'une locomotive, s'en allaient seules tranquillement, au lieu où elles étaient garées. Je les suivais du regard. J'essayais de comprendre, ou plutôt de me représenter, comment s'opérait cette merveilleuse animation qui attache ainsi du mouvement à un mobile.

J'appris plus tard de Leibniz qu'on ne saurait établir en quoi un corps en mouvement diffère, dans chacun des lieux qu'il occupe, de ce qu'il est au repos, si l'on n'ajoute qu'en chacun de ces lieux il *tend* à passer à un autre. Tout mouvement est tendance. La tendance ou effort, dit Leibniz, est ce qu'il y a de réel dans le mouvement. Par la suite j'en appris beaucoup plus, sans pouvoir mieux me représenter comment roulaient les plates-formes chargées de leur seul mouvement.

La poésie — que je ne considère nullement ici comme un « moyen de connaissance » — permet du moins de saisir — ou d'imaginer — qualitativement dans les choses l'effort ou la cessation de l'effort. Pour elle un objet *qui vient de s'arrêter* n'a pas « le même air » que celui qui n'a pas bougé.

Au lieu de laisser les choses s'engouffrer si facilement, si distraitement dans le souvenir, il faut les voir toujours remonter à leur origine, au point très ambigu où elles ne sont pas encore en nous, où elles ne sont plus en elles, où elles ne sont presque que la possibilité d'apparaître en notre présence.

Je voudrais pouvoir contempler l'arbre en train de résister à mon avide mémoire immédiate. C'est cela, exister. Pour lui comme pour moi. Car, dans cet instant, nous existons vraiment l'un par l'autre.

Être de plus en plus attentif à l'instant précipité, à la coexistence qui le comble et qui mesure l'abîme séparant les pulsions du cœur ; à l'univers sans causalité qui s'annule devant les ressemblances. Un ton de voix et même, dans la pièce vide, le bruit que fait la chaise qu'on remue — dans la maison du marchand de musique elle donne ridiculement le « la » — sont la première ou la *dernière* note d'un chant qui commence ou qui finit ailleurs. Et s'il n'y a point d'autre causalité ni d'autre finalité que celles, d'essence musicale, qui trament simplement dans le déroulement l'équivalent de la coexistence, sachons bien, par poésie ou par magie, distinguer ce qui commence de ce qui finit, car nous ne sommes que transition.

Je voudrais être toujours capable de percevoir la qualité du néant absolu où, par un soir de gel, résonne l'aboi d'un chien ; le halo de mort qui, parfois, environne les choses ; le vide de cet après-midi qui, s'il est ensoleillé et sonore, n'est que le pressentiment de la prochaine absence de l'être aimé ; la solitude où nous devons tous entrer. *Can solitari cant a aquest aucèl !* Oh ! quel chant solitaire ! s'écriait Douceline de Digne, en écoutant chanter un passereau.

Le poète véritable se reconnaît peut-être à la façon dont il sait rendre nécessaire par une méditation qui intègre du temps, l'enchaînement de données naturelles qui lui étaient d'abord apparues comme gratuites et isolables. La poésie naît quand le point de convergence est enfin trouvé, quand le rapport qui s'établit entre les choses y est appelé — et de très loin —, quand l'imagination a enfin compris la signification de ce que les divers instants de la vie avaient apporté comme par hasard à la conscience, et parmi lesquels elle s'était égarée. C'est dans cet acte, ajouterai-je, que le poète fait l'apprentissage du destin et de la liberté : il emprisonne le temps dans une boule de cristal où il peut lire ce qui lui plaît.

Je n'aime, pour ma part, que les poèmes « travaillés », mais travaillés sur le plan de la prophétie et non sur celui de l'écriture (à moins qu'on n'ait cherché la « prophétie » par l'écriture). Boileau voulait que le labeur du style aboutît à une sorte d'analyse logique de la pensée, à l'issue de laquelle l'esprit retrouverait en somme, ce qu'il y aurait mis d'abord. Je souhaite, au contraire, que le poète d'aujourd'hui s'éprenne d'un art de l'imaginaire qui soit la négation du langage conceptuel et qui cependant ne commence qu'avec les mots, lorsque se lève de leur matière incertaine faite de tant d'« inspirations » contradictoires, cela qui, par essence, n'est point pensable et que j'appellerais volontiers : le sens poétique de *la destinée du moment*.

Comme il s'agit ici d'une juxtaposition dans le temps, il faut bien que le poème soit une musique de l'imaginaire — non point nécessairement une harmonie sonore, mais une durée structurée — où il soit possible aux éléments de l'imagerie inconsciente, irrationnelle et concrète *de vivre ensemble*, et de produire leurs effets en réagissant l'un sur l'autre.

Le poème « parfait » est celui où le déroulement des mots correspond symboliquement au temps qu'a mis l'esprit à rendre ressemblantes de quelque façon — et coexistantes (dans une « succession » ordonnée) — les images de sa propre discontinuité. Cet objet ainsi constitué, en quoi la durée se peuple de significations que seule la *profondeur* du temps peut conjuguer, n'est pas obscur pour le cœur inconscient, et ne doit pas l'être. Mais, il est nécessaire qu'il soit obscur pour l'esprit, puisque son unité temporelle le rend indécomposable, donc incompréhensible analytiquement.

La pensée m'a toujours paru fluidique, viscérale, organique, celle du moins qui dans la nature et dans notre invisibilité compose les tableaux animés, les paysages et les figurations infiniment compliquées de nos rêves. Elle s'exprime par des éléments idéoplasmateurs où l'on dirait que l'imaginaire tend à devenir solide et l'invisible à se couvrir d'une résille de résistances. L'imaginaire est opaque, actif, prêt à se détendre. Les images du passé, du présent et du futur se concrétisent comme centres de force et se comportent comme des mots ou comme des corps subtils. Je ne sais si l'« âme » est immatérielle, mais sans nul doute, ses manifestations, telles qu'elles tombent sous l'intuition, ne le sont pas. Elles vibrent dans une sorte d'éther.

Il est impossible de réduire par raison et volonté claire un dérèglement de l'esprit que les images, simple expression, pourtant, de ce dérèglement, suscitent en tant que choses. Il faut pour atteindre l'inconscient, pour agir sur lui et même pour discipliner le conscient, user de volonté indirecte, recourir à des symboles, c'est-à-dire, comme Montaigne l'avait remarqué, aux réalisations spontanées et opaques de la poésie — ou de la magie — naturelles. Sous ce rapport *l'image vaut la réalité* : elle est une réalité qui peut, certes, passer de l'invisible au visible — ou vice versa — et par conséquent, troubler l'espace qu'elle occupe ; mais elle est, pour différente qu'elle soit des autres choses, une chose. En accomplissant un acte symbolique nous laissons simplement passer ces effigies incompréhensibles qui disposent du singulier pouvoir de traverser tout le réel — objectif ou subjectif — pour aller à leur but. C'est le seul moyen que nous ayons de *penser sans penser* et d'*agir sans agir*, quand nous constatons que pensée et volonté, *bien que ce soient les nôtres*, sont incapables, dans tous les cas importants, de modifier notre nature dans le sens que nous souhaitons. Le seul moyen que nous ayons aussi, de nous changer nous-mêmes au niveau du phénomène naturel qui ne peut pas être, lui non plus, sans imaginer plastiquement (idéo-plastiquement) *ce qu'il est*.

Les objets de ce monde passent par nous à l'Invisible. Peut-être sommes-nous destinés, ailleurs, à meubler la transparence de l'Invisible. Mais, ici, le symbole, lourd, concret, solide, s'enfonce dans nos profondeurs comme une pierre dans la mer.

A l'abeille géante cuirassée d'or comme une Minerve la colline sourit sans fin. Et ce grillon, je l'entends partout à la fois sur la platitude du pré : sans doute parce qu'il ne sait pas lui-même où il chante.

Une pensée insistante, un souvenir *décomposé* en impressions fugaces, dépense temps et matière pour équilibrer en moi le spectacle extérieur. Elle se donne à sentir, à pressentir, à regretter ; elle se laisse goûter. Je la roule dans ma bouche comme un caillou d'éloquence ou comme une perle à saveur vaguement affective : douleur venant de très loin ou euphorie qui n'est pas tout à fait la mienne. C'est un volume, une pression, un mot qui pousse et qui voudrait libérer son *climat*. Je cherche une idée de moi. Mais si je puis trouver des idées, ce n'est jamais celle que je cherche.

Le jour consent enfin au soir : un regret qui est un remords qui est un abandon qui est un néant et brusquement : ce qui remonte du néant à la faveur d'une odeur d'herbe présente ou d'une senteur de mémoire *illusoire*. Tout cela contient entre le souvenir impossible et l'épaisseur de mémoire qui lui est substituée — à la faveur de l'irruption en moi, par à-coups, du monde extérieur — et dont l'indétermination quasi absolue me comble d'aise. L'événement, l'apparition. Moi sans toi, ou toi sans moi. Pour finir, une stupide fable de parthénogenèse : je rêve que je commence à moi, que ma pensée me donne l'être.

La pensée qui se retranche de sa substance éthérée se donne pour une sorte de jeu suprême. Parce qu'elle ne se voit pas commencer, elle se croit le commencement de ses propres conditionnements. Elle s'éveille dans ce qui dort en elle. Mais pour se clore ainsi sur son *antériorité*, elle fait appel nécessairement à une mythologie poétique du hasard : elle affirme, en termes d'imaginaire, qu'elle a commencé à ce qui *aurait pu* ne pas commencer. Je songe à l'*Igitur* de Mallarmé qui traduit, sans nul doute, la volonté irrationnelle de l'homme de renverser le temps d'avant la pensée et qui, sous ce rapport, est le poème le plus désespérément imaginaire qu'on ait jamais écrit. Sans doute, pour exprimer la rébellion de la conscience contre ce qu'elle est forcée d'être antérieurement à elle, le poète n'a eu qu'à assombrir de nuit cosmique et de profondeur esthétique quelques conceptions qui lui étaient chères — et qui n'allaient peut-être pas très loin — touchant l'acte fortuit, le jeu, ou même l'accident qu'est la naissance physique. Une idée très banale, comme celle qui s'exprime dans le sonnet « Parce que de la viande était rôtie à point », a pu servir de véhicule premier — et inadéquat, au thème beaucoup plus secret de l'Irrationnel absolu qui se cherche dans les profondeurs inconscientes où se perd le poème. Thème que l'on résumerait fort mal par cette proposition : la liberté totale de l'esprit dans le rêve créateur correspond, non point à un hasard extérieur, mais à l'effort que poursuit la pensée pour ramener l'être à son jaillissement premier et pour se situer *aussi* au commencement de tous les hasards.

Mais cette liberté se détruit elle-même : l'imaginaire ne saurait consister en cette remise en question de l'être par la pensée. Elle résiderait plutôt dans le « glorieux mensonge », où poésie et magie essaient timidement d'innocenter la contingence en la changeant en nécessaire beauté. Le glorieux mensonge présente toute la cohérence du vrai et mieux que lui il se transforme, artificieusement, en *source* d'émotions. C'est dans cette voie, on le sait, que Paul Valéry a continué l'œuvre de Mallarmé, lucidement. Mais dans *Igitur* il ne s'agit pas seulement de beauté : ce qui est en cause, c'est le périlleux passage de *l'imaginaire à l'Être*. Le poète essaie de découvrir, de rêve en rêve, un chemin vers la mort, afin de mettre, une fois pour toutes, *la mort derrière lui* ; et une logique, absolument irrationnelle mais ontologique, selon laquelle la *nuit de l'être n'équivaudrait pas à la nuit de la pensée.*

Igitur est donc un glorieux mensonge ontologique. Saint Anselme est ici tenté par son plus intime négateur. Bien que Mallarmé ait subi, assez superficiellement d'ailleurs, l'influence du bouddhisme et aussi celle, plus décevante, des occultistes contemporains ; bien qu'il ait aspiré, comme tous les sages, à sortir de son *moi* (« je suis maintenant impersonnel et non plus Stéphane que tu as connu, mais une aptitude qu'a l'univers spirituel à se voir ou à se développer à travers ce qui fut moi » — Lettre à Henry Cazalis, 1867), il ne conçoit cependant pas cette ouverture vers l'impersonnel comme l'aboutissement d'une ascèse gnostique qui ferait rentrer les hasards dans le destin, les maîtriserait dans l'ordre et l'unité. Il ne pense guère, non plus (n'ayant pas eu, semble-t-il, l'imagination de nos servitudes véritables : l'inconscient, le social) à libérer l'homme de ses conditionnements : il ne considère le hasard d'être que comme un donné *à déplacer*. Il n'aspire qu'à le « tourner » par la pensée, à rendre strictement équivalents l'avant et l'après, le Haut et le Bas et partant, à faire de soi *la lampe qui pourrait s'allumer ou s'éteindre d'elle-même.*

Tandis qu'il était réservé à Paul Valéry d'ébaucher une sorte d'*Igitur* de la connaissance purement esthétique, Mallarmé a tenté, lui, l'entreprise folle de ramener l'être le mieux apparu à la logique du néant *d'où il sort*. Une fois admise l'idée — empruntée au Bouddhisme vague que j'ai dit — que l'homme ne se libère qu'en se replongeant dans la nuit du **Rien**, il s'est efforcé dans *Igitur* d'atteindre à la négation de tout l'être par la négation de la pensée qui le pose, espérant saisir par là le point mystérieux de *transparence* où l'être ne procède du néant qu'en présence d'une *antériorité absolue*, qui ne serait ni celle de la pensée ni celle de l'être, mais *l'essence pure de tout commencement*. Avant l'être, avant la pensée, il y a une possibilité de miracle dont seul l'Imaginaire nous fournit la preuve, *si nous nous perdons en lui*.

Cette négation est conçue par Mallarmé comme l'achèvement nécessaire, et la conclusion, des démarches illogiques de la conscience ou de ses déchaînements affectifs. Il a retourné ainsi la preuve ontologique sur le seul plan où elle peut l'être — chimériquement — celui de la création poétique où l'Imaginaire abolit le temps de l'homme. Il nous transporte ainsi de l'idée de négation à l'impensable image de notre négation physique, réussissant à poétiser la transition du non-être pensée au non-être réel *dans le désespoir humain*, et à installer notre existence dans le temps où *nous n'étions pas encore* et dont, cependant, nous pourrions être *maintenant* les témoins, *si nous renversions courageusement le sablier*. C'est ce que font les amateurs de délire poétique, les amoureux fous et les jeunes gens qui se droguent.

Mais il est dans la nature de l'homme de manquer toujours le suicide mental. L'homme ne peut pas commencer où sa pensée commence ; et à vouloir éteindre l'être par la pensée, il n'invente pas pour autant l'antériorité de la pensée sur l'être. Tout au plus éterniserait-il ainsi les choses et soi-même comme chose. L'Imaginaire n'est réversible que dans le temps imaginaire de la mort où l'on n'entre point les yeux ouverts.

*
* *

Il se produit parfois d'étonnantes fixations de conscience affective sur des objets inanimés. Du gant oublié, de la robe jetée en travers du lit montent un regret, un désir, un élan de tendresse. Et sans que s'en mêlent les images du souvenir, on éprouve brusquement un amour retardé, vif et déchirant, pour celle — par exemple — à qui ils appartiennent et qu'on avait peut-être oublié d'aimer. « Sa pauvre petite robe ! » dit l'amant infidèle.

Capterions-nous ainsi à l'état pur, et comme intensément isolé ce qui, de la substance vivante d'un être, s'attache à ses objets familiers ? Le sentiments prend-il corps dans un rayonnement de matière subtile et nous rejoint-il dans la temporalité, aussi présent, aussi actif qu'une réalité physique ? Aurait-il besoin, plutôt, de s'aimanter à sa propre extériorité pour nous surprendre, pour nous révéler au passage la complicité des choses avec la trame de nos signes subjectifs, que nous ne savons pas déchiffrer ?

Il m'est arrivé bien souvent dans mon enfance — ces phénomènes ont peu à peu cessé entre 18 et 20 ans — de percevoir, directement et intensément, la chaleur morale, abstraite, de toute personne — homme ou femme — qui s'approchait de moi assez près. C'était comme une vibration que je ne savais définir autrement, mais dont la qualité me semblait bénéfique, plutôt agréable.

Je me souviens encore avec étonnement de la sensation très particulière que j'éprouvais — une sorte de tremblement psychique tout intérieur — lorsque quelqu'un, en ma présence — *touchait mon stylo, feuilletait un de mes livres.* Je ne pouvais m'expliquer la chose. Tout se passait comme si des émanations de ma propre vitalité, restant accrochées à ces objets, entraient en contact avec le rayonnement vital de la main étrangère. Ma sensibilité était transférée au stylo et au livre. Et c'est parce qu'elle n'était plus tout entière en moi que je pouvais sentir comme une chose l'influx vital des êtres qui m'entouraient.

Je trouvais étrange que le contact animique direct entre les consciences, ou plutôt entre les radiations subtiles des corps, ne pût s'établir que *par le truchement d'un objet matériel.*

J'hésite à décrire un autre phénomène subjectif — du même ordre peut-être — qui se produit souvent en moi, lorsque je m'y attends le moins. Je crains de me faire mal comprendre. Je désirerais pourtant savoir si quelques-uns de mes lecteurs ont éprouvé parfois des impressions analogues.

Les vêtements, vus sur autrui, me causent parfois — brusquement — un insupportable malaise : ils déclenchent en moi un *mouvement de pitié* soudaine, irraisonnée, absolument sans motifs. Je dis bien sans motifs : les gens qui les portent ne sont nullement malheureux — ce sont des hommes ou des femmes jeunes, beaux et riches. C'est donc sur l'être humain en général que je m'apitoie ainsi, stupidement. Mais pourquoi cette charité que j'éprouve à l'égard de mes semblables se fixe-t-elle ainsi sur leurs habits ?

Je fais souvent le même rêve. (Il ne me donne pas la clé de l'énigme : il l'obscurcit encore plus). Un personnage indéterminé — ni garçon ni fille; une fille habillée en garçon vraisemblablement — marche tristement au bord de la mer, dans le vent, dans le froid : il fait sombre. C'est sa silhouette que je juge attristante, car je ne vois pas son visage. Je ne vois que son accoutrement : comme ces manteaux et ces chapeaux vus d'en haut, que Descartes prenait pour des hommes, c'est une veste flottante, qui marche, des pantalons qui sont peut-être vides... Le même mouvement de charité irrésistible m'envahit — que je ne crois pas devoir confondre avec l'amour, ni avec le désir sexuel. Suis-je donc fétichiste ? Je ne sais. Le fétichisme a peut-être des racines plus généreuses qu'on ne pense et qui entrent dans toute passion profonde. Mais je n'éprouvais point ici de passion, que je sache.

Un jour, je fus peut-être sur le point de comprendre. Je voyais marcher devant moi une jeune femme dont je ne distinguais, dans le soir tombant, que la silhouette élégante. Brusquement, je fus en proie à mon hallucination affective habituelle ; mais, cette fois, elle m'apporta aussi une sorte d'idée claire : j'eus l'intuition que cette femme *n'existait pas*, parce que le temps où elle n'existerait plus *était déjà là*. Seuls sa jupe, son manteau conserveraient un peu de son âme *séparable* : ils étaient plus animés qu'elle. Les vibrations de sa sensibilité réfugiées dans l'étoffe durable rayonnaient déjà dans l'absence du corps.

Si l'on admet l'évidence que l'être fini, en tant qu'il est fini, ne peut naturellement aimer que ce qu'il est, on ne saurait comprendre comment il pourrait aimer Dieu plus que soi-même, et, à plus forte raison, la créature autrement que comme objet de convoitise. Toutes les solutions valables, proposées surtout au Moyen Age, pour expliquer le passage de l'un à l'autre — ou le dépassement amoureux de l'un en l'autre — soulignent à la fois le caractère illusoire de la pseudo-unité qu'incarne le sujet aimant et l'instabilité ou même l'impossibilité ontique de l'espèce de « dyade » qu'il forme avec l'objet, si elle n'aboutit pas au *ternaire* et ne s'y inclut. Sans doute la plupart des théologiens ont bien vu qu'aimer Dieu et s'aimer soi-même, c'est la même chose. *Qui se diligere novit*, écrit saint Augustin, *Deum diligit* (*De Trinitate*, 14, 14), mais ils ne savent comment fonder cette identité en raison. *Nescio quo enim inexplicabili modo quisquis se ipsum, non Deum amat, et quisquis Deum amat non se ipsum amat, ipse se amat (Tract. in Iohannem*, XXIV, 21).

Seul saint Thomas a réussi à rendre moins obscur, grâce précisément à sa notion d'unité, le fait que celui qui aime Dieu s'aime en réalité lui-même. En dehors de l'unité du Tout, l'unité de la partie n'est que provisoire et incomplète, et, pour tout dire, fausse unité. L'« un » sujet n'étant pas véritablement un, il va de soi que cet « un » aimant ne peut aimer son unité qu'en participant de quelque manière à l'unité divine qui fonde son être, c'est-à-dire en négligeant comme transitoire et précaire la dualité artificiellement établie par l'esprit de convoitise et l'égoïsme entre celui qui aime et celui qui est aimé. Il faut donc, pour pouvoir aimer qui que ce soit, *aimer d'abord* Dieu comme être infini source de tout être. A supposer — comme l'a bien montré Pierre Rousselot (*Pour l'histoire du problème de l'Amour au Moyen Age*) — que Dieu, forme pure, et qui ne fait nombre avec rien puisse, à cause de sa subtilité infiniment exquise, pénétrer et informer les esprits créés de telle sorte que, plus ils sont possédés de lui, plus ils se retrouvent.

Comment est-il possible d'aimer son ennemi comme soi-même ? Je puis me défendre de vouloir du mal à ceux qui me haïssent ; je puis même m'imposer de leur pardonner et de leur faire du bien, mais comment pourrais-je les aimer ?

Que signifie le commandement divin, si rien n'est en notre pouvoir, si nous ne disposons que de celui de coïncider après coup avec nous-mêmes, dans chacun de nos états affectifs, dans chacune de nos variations ou interruptions ? Plutôt qu'à cet incompréhensible impératif j'ai égard à l'enseignement qui découle de l'examen scrupuleux de notre nature, encore qu'il ne me soit pas possible de m'attribuer le mérite de ses oscillations entre le prétendu Bien et le prétendu Mal.

Il est d'expérience courante (ce phénomène n'est cependant pas décrit dans les manuels de psychologie, sinon, quelquefois, comme symptôme pathologique) que nous éprouvons assez souvent, consécutivement *à un moment de haine ou de mépris pour notre prochain*, et presque en même temps, un élan de charité réactionnel, absolument élémentaire et pur, naturel, impérieux, indépendant de tout jugement de valeur, de toute préoccupation morale, de toute estimation rationnelle, et pour ainsi dire : à fleur d'inconscient.

D'où provient-il — quelque astuce qu'on prête au « moi » souterrain et pour intéressés que soient peut-être ses cheminements obscurs — sinon *de la pitié que nous éprouvons pour nous-mêmes* et de la certitude, apportée directement, que l'autre et moi *sommes le même être ?* Ce sentiment profond de charité que nous ressentons pour celui qui nous hait et que nous venons de haïr — ne peut être l'effet ni d'un devoir ni d'une obligation morale. Il ne serait rien s'il n'exprimait pas un aspect fondamental de notre nature ; s'il n'était point un instinct antagoniste. Il témoigne de la résorption spontanée en nous de la dyade, de son absorption dans une unité incompréhensible. Il fait la preuve que lorsque le rapport de dualité est absolument annihilé — puisqu'il s'agit ici d'un ennemi — notre esprit accède sans passer par la dyade « moi-tu », à un plan supérieur de l'être où cet ennemi et moi sommes parfaitement interchangeables : le *tu* est un *moi*. Il *faut* aimer son prochain — ami ou ennemi — comme soi-même, cela signifie donc qu'il faut avoir *éprouvé* que les choses se passent naturellement ainsi. Cela signifie encore qu'il n'y a qu'en l'Etre suprême que je *suis* mon prochain ; enfin : que la « dyade » de charité *est* le retour momentané de la dyade à l'unité, non point dans l'Un-sujet, mais dans l'Un-transcendant : le Trois qui n'est qu'Un.

L'amour intersexuel, quand il est passionné et non point utilitaire ou bassement conjugal, établit entre l'ami et l'aimée des rapports de sympathie bien différents, qui obéissent cependant à une dialectique *naturelle* de l'unité à peu près semblable.

S'ils apparaissent, à première vue, comme moins métaphysiques, ils sont, en revanche, plus objectifs, plus contraignants, comme si le principe qui meut les êtres vers la charité (c'est-à-dire l'infinie dilatation de la vie), s'était ici incarné, fossilisé, dans des déterminismes instinctifs, aveugles et aveuglants.

Je sais bien que dans la plupart des cas l'amour se réduit au désir et à la convoitise. On aime la femme comme on apprécie un objet de consommation. Mais enfin le Pur amour figure encore dans la chronique des faits divers. Il y a encore des couples d'amants qui se donnent volontairement la mort, ce qui signifie qu'ils se préfèrent l'un à l'autre et qu'ils choisissent plutôt la légende de la mort que celle de la vie.

De quelle nature est donc la « dyade » ardente qu'ils constituent ? De quelle unité est-elle l'image dégradée ou la promesse ? Le sens commun répond assez bêtement que c'est l'*unité des contraires* (la virilité aime la faiblesse, la féminité aime la force, etc.). A un dégré supérieur de clairvoyance le même sens commun voit bien, cependant, que ces contraires sont en réalité des complémentaires. Mais c'est par là qu'il retrouve le mystère du nombre métaphysique. Car si chacun des partenaires cherche en l'autre ce qui le complète, c'est qu'il n'est pas tout à fait ce qu'il est. Et il faut bien alors que le sur-être qu'ils aspirent momentanément à reconstituer soit très réellement l'androgyne, lequel existe et n'existe pas — ou plutôt ne prend existence que dans l'unité précaire des deux.

Ce qui rend beaucoup plus objective la reconstitution fugitive de l'unité perdue — et masque du même coup la loi abstraite dont elle procède — c'est que cet androgyne, les amants passionnés le reforment *à partir du semblable, et non point du contraire ou du complémentaire*. Et cela d'autant plus parfaitement que leur amour est plus ardemment partagé. Les grandes passions — contrairement à ce que pense le vulgaire — naissent toujours *à partir d'un léger fond d'homosexualité* : elles impliquent chez les amoureux un dosage très particulier de leurs composantes, un peu trop masculin (par exemple) chez la femme, un peu trop féminin chez l'homme — et si nuancé parfois que l'un craint toujours de perdre en l'autre un partenaire *irremplaçable* ou difficilement remplaçable. Ainsi l'aspiration de la femme à devenir *celui qu'elle est déjà*, à travers l'homme qu'elle aime, et le désir qu'a l'homme de se confondre *à celle qu'il est déjà*, à travers la femme qu'il aime, assurent l'achèvement de l'un et de l'autre en *similitude*, ou si l'on veut en complémentarité de similitude. L'androgyne se crée à partir *de ce qu'ils sont* et non point à partir du contraire de ce qu'ils sont, en dépit de la différence des sexes. La dyade qu'ils font est donc beaucoup plus engagée dans l'unité androgynaire, dans l'état de passion que dans l'amour-désir (égoïste) ou dans l'amour-estime. C'est ici le *même être* qui se sert de corps physiques différents.

(Lui-tu) — Elle-moi : Lui, dit la femme ;

(Elle-tu) — Lui-moi : Elle, dit l'homme. Les « moi » sont partagés et interchangeables.

Il reste, cependant, que la passion est toujours menacée et en raison de ce que nous venons de dire, toujours inassouvie. L'amoureux fou, l'amoureuse folle désirent beaucoup plus que la satisfaction sexuelle, beaucoup plus que l'intimité physique et que l'« échange des cœurs ». Chacun veut être davantage ce qu'il est et en même temps devenir l'autre, puisque c'est seulement dans l'autre qu'il se sent être ce qu'il est. C'est ce qui explique peut-être que les changements imaginaires de sexe s'expriment objectivement ou symboliquement, dans la passion hétérosexuelle, par des manœuvres précises, des attitudes ou des paroles ; y déroulent un film presque aussi varié que dans l'amour véritablement homosexuel. Mais les métarmorphoses y sont évidemment toujours incomplètes et, parfois, ne franchissent même pas le seuil de l'imaginaire. La femme désirant être un homme, sans cesser d'être une femme; l'homme se voulant femme, sans cesser d'être un homme, les différences sexuelles sont plutôt valorisées, dans la mesure où elles permettent d'animer la mythologie passionnelle qui les franchit en imagination, les utilise d'une façon plus mythique que naturelle (si le mot « naturel » a ici un sens), mais ne les abolit pas. (Car les hommes et les femmes, dont je veux parler ici, ne basculent jamais dans la franche homosexualité.)

Ils souhaitent simplement éterniser un état qui, par nature, ne peut être que transitoire; atteindre à cette fusion des êtres que les Grecs appelaient du beau nom de *Sungcrasis*, mais qui ne dure qu'une saison. Déjà l'amant ne peut plus dire *tu* à celle qu'il aimait, il dit : *Elle*. Déjà il ne peut plus la regarder dans les yeux.

La dyade reparaît avec ce mélange de lumière et de ténèbres où Marsile Ficin voyait avec raison l'image du chaos primitif dans l'homme, et de l'insurmontable déchirement de l'amour.

Quelle signification, dès lors, peut bien avoir le vain désir des amants — illusoire et fugitif — sinon celle qui s'attache au désir de transcendance pure ou de conversion à la nuit inconnue? Ils aspirent, de toutes leurs forces, sans le savoir, à ramener la dualité à l'Un, à participer enfin à un être plus authentique, dont ils ne sont que l'image, qui les soulèverait hors des intervalles — temporels et anéantis — de la création continuée. Quand ils ont épuisé tout l'imagiginaire que développe la passion, il n'est pas étonnant que la mort les tente quelquefois.

Tout état d'excitation nous porte à mettre en doute la réalité du monde sensible. Cela commence d'ordinaire par l'attente — et la reconnaissance — d'une possibilité de dérèglement dans les choses : *si cette feuille morte était un lapin !* — un lapin insolite est plus étonnant qu'un monstre — *si cette ombre était un chat !...* Nous savons bien qu'il n'en est rien.

Quelques apéritifs de trop et tout est possible. L'homme qui a peur n'a peur que de ses chimères : « Si je voyais telle apparition qui me glacerait d'effroi ! » Et il la voit.

Si le danger est réel, l'Imaginaire prend un autre cours : il renverse le temps : « Faites, mon Dieu, que cette vipère qui vient de me piquer, s'écrie le paysan dans l'instant qu'elle le pique — *n'ait été qu'une ronce !* »

Les Pygmées de l'Afrique-Équatoriale ne connaissent guère que ces prières à rebrousse-temps : « Fais, ô serpent, que ce soit une branche qui se relève et frappe et non un de tes enfants à la dent aiguë ! » Ils pensent cela presque instantanément, ou plutôt dans l'échappée imaginaire où ils s'élancent, quand leur pied, dans la nuit, heurte l'obstacle qui se contracte, se redresse et mord.

L'Apparaissant est créé par l'homme, mais c'est en l'homme aussi qu'il se défait ou se dérègle. Nos possibilités extrêmes de liberté se projettent sur fond de folie, ainsi que notre volonté de dépassement. Aussi, à tout moment, le chaos primordial menace-t-il de faire irruption en nous. A grand-peine nous le contenons, équilibrons sa poussée. Mais il introduit du moins en nous la tentation — quelquefois irrésistible — de disloquer la machine et de brouiller nos représentations. Et là où nous cédons aux ténèbres cosmiques, nous installons notre liberté folle.

En certaines circonstances pourquoi imagine-t-on brusquement l'apparition d'un monstre ? Pourquoi tient-on soudain pour possible une sorte de dérangement fantomal dans l'ordre du monde ? Sans doute y a-t-il quelque rapport entre cette hallucination « intérieure », et qui se connaît telle — et l'hallucination projetée au-dehors, qui abuse le voyant. C'est une irruption incompréhensible et déréglée de l'Imaginaire que la moindre dépression nerveuse nous force à subir, avec malaise ou effroi, comme un univers grimaçant, *et dont seule la poésie nous sauve.*

Il est fréquent que le visage humain prenne une place privilégiée dans ces représentations fantastiques. Il se déforme, évolue, comme une série de portraits s'enfuyant les uns dans les autres, tantôt merveilleusement beaux, tantôt immondes comme ceux des diables. La nature déploie, à les faire apparaître, une ingéniosité sans bornes, un talent inépuisable, et tout cela pour traduire simplement en formes et en couleurs le poids de la fatigue *tirant* sur le visage ou quelque sensation plus ou moins douloureuse. On s'endort en assistant à la décomposition de l'*Adam Kadmon* en ses mille variétés qui, toutes, retombent dans le noir.

Pour peu qu'il se perde en lui-même, s'oublie, le regard suscite la chose *qui voit*. Au bout de tout regard, il n'y a jamais que ce qui regarde : *façade abstraite* (la maison qui voit, le mur qui voit, l'arbre qui voit) ou visage humain. La ressemblance, infiniment instable, qu'il y a entre les choses, c'est que toutes sont vues et voient.

Tout acte, tout geste accompli dans un moment d'exaltation laisse dans l'esprit, dès que la dépression survient, un sentiment de honte et de culpabilité. Les personnes excitées le soir se reprochent, au réveil, ce qu'elles ont fait la veille, quand même leur comportement n'aurait rien eu en soi de répréhensible ou de ridicule.

Il est évident que ce mécontentement intérieur ne correspond pas à un jugement lucide qu'ils porteraient sur leurs actions ou sur leurs paroles, mais simplement au regret d'avoir agi et parlé sous le coup d'une excitation qu'ils jugent maintenant anormale. Ce n'est pas leur sentiment de culpabilité qui est légèrement névrotique, mais l'excitation à laquelle ils se reprochent à bon droit, mais avec trop de scrupule, d'avoir cédé. Le temps *déprimé* a honte du temps *exalté*.

15. Notes sur la poésie

Le désordre dans l'ordre

L'art antique immobilisait l'instant. Quelle patience ne fallait-il pas pour rendre inépuisable et digne de l'éternité un geste d'homme ! L'harmonie s'enfonçait jusque dans la matière et la pénétrait de nécessité. Pas de surface neutre ou indisciplinée dans le tableau ; aucun détail oisif dans la sculpture. La poésie communiquait son rythme à chaque atome sonore et le vers, dans sa structure, ne laissait respirer que fort peu d'éléments fortuits.

La sensibilité moderne a dû épouser l'accélération du temps. Et, par surcroît, ayant appris à capter le réel de façon mécanique, elle s'accommode facilement de son désordre interne. Elle requiert un art rapide où la matière chaotique, l'absurdité des choses, les vagues de la mer, les remous de la foule, le discontinu et la violence des passions obéissent à une forme qui leur impose sans doute une structure *imaginaire*, mais d'un façon globale et qui n'affecte pas nécessairement leur trame. L'essence du roman, comme celle du cinéma, est de dérouler des actions, en elles-mêmes indifférentes ou impures, qui ne deviennent vraiment signifiantes que par leur position dans le Tout-ensemble. Le cinéma ralentit, précipite, inverse, oppose et harmonise les mouvements. Il peut, s'il veut, et mieux que le roman, imposer le même rythme à une émeute dans la rue et à une tempête sur l'océan, rendant ainsi la vie et la spontanéité aux vieilles métaphores poétiques. Il peut faire couler le temps à l'envers, et même, en répétant un motif irrationnel de part et d'autre d'un axe, soumettre ce monstre dédoublé à une symétrie complète qui, pourtant, demeure *désordre dans son fond*. On songe à ce musicien légendaire, dont l'instrument ne rendait aucun son : il harmonisait seulement les bruits de la rue.

L'art moderne est mouvement réglé et musique des choses. Il prend l'objet à l'état brut et l'introduit tel quel dans son ordre. La réalité s'achève ainsi dans l'Imaginaire qui la structure. Aussi est-ce à notre époque que *les exigences formelles* sont apparues le plus impérieuses et, paradoxalement, le plus *étrangères*, en essence, à la matière « photographiée » sur laquelle elles portent et dont elles respectent le grain. Cette matière — quelles que soient son opacité féconde et sa richesse — n'en demeure pas moins indifférente, en elle-même, à toute fin esthétique : elle est susceptible de prendre toutes les significations imaginaires que le Formel lui impose. Mais en dehors de lui elle n'en a aucune, sinon de caractère scientifique ou pratique.

La poésie ne dépend plus aujourd'hui de son contenu ; ni de l'imitation plus ou moins réussie de la fuite des apparences. Au temps qui nous emporte elle en subsitue un autre, où battent les *rythmes de l'Imagination* : quand nous cessons, dans cette libre échappée, *de vivre à l'étroit*, il se dilate en surtemporalité d'illusion et de bonheur.

La poésie est l'œuvre de tous : elle n'est jamais que chez les autres. Nous aspirons à raturer, corriger, compléter, annuler les poèmes dont nous dépendons et qui nous inspirent : ils ne nous touchent que dans la mesure où nous nous familiarisons avec eux après les avoir rendus étrangers à eux-mêmes. Nos points de départ prétendus « personnels » — en réalité toujours conquis sur autrui ou sur nos propres reniements — ne sont pas mieux assurés. Sur quelque apport du hasard, de l'« inspiration » ou même du travail (les bouts-rimés sollicitent activement l'Imaginaire), nous nous mettons à poétiser, c'est-à-dire à essayer indifféremment les pensers sur les mots et les mots sur les pensers, et donc à refaire « un milliard de fois » la même ode, toujours plus originale (à notre goût). Mais comme la poésie n'est possible que parce que n'importe quoi finit toujours par signifier n'importe quoi, le poète véritable a toutes les peines du monde à éliminer les significations de rencontre (ou celles qui sont trop ressemblantes), pour retenir seulement les beaux hasards qui ne la trahissent pas, ou qui, opaques sans fin, résistent obstinément à toute réduction clairvoyante. Comment maintenir la poésie la tête sous l'eau dans l'instant où, sur le point d'être asphyxiée, elle devine tout, peuple tout, imagine tout, sans dépenser raisons ni concepts et surtout sans ressembler à la banalité qui, de toute façon, l'*attend* ?

La prophétie véritable (celle qui *inspire* l'esprit prophétique) reste toujous incompréhensible, toujours provocante : elle renaît d'elle-même, submerge les événements au fur et à mesure qu'ils se produisent, reparaît après leur effacement, dure et intacte : l'*Apocalypse.*

La poésie authentique lui ressemble : elle ne s'use pas, elle est insubmersible. Elle résiste, toujours incompréhensible, toujours renaissante, inspirant les poètes, s'annexant les inspirations particulières, les interprétations privées, au fur et à mesure qu'elles *l'éclairent* ; se débarrassant et se purifiant d'elles : *Mallarmé.*

Je sais bien que les grands poètes à sujets qui ont tout à exprimer et rien à découvrir trouvent finalement pas mal de choses distinctes, qu'ils jugent définitives. Pour eux la poésie est bien une « connaissance ». (Il n'y a que pour eux qu'elle est connaissance ; puisqu'ils ne poétisent que sur ce qu'ils savaient *avant*.)

Ils ont d'ailleurs le goût bon et ils savent se corriger. Leurs « variantes » font les délices de l'Université française : elles sont claires. Entre le premier jet et la version retenue il y a un abîme si profond qu'il en devient rassurant : le premier jet est souvent franchement stupide, la correction est toujours géniale. On constate ce phénomène curieux chez Victor Hugo. Mais quand il s'agit d'écrivains plus scrupuleux, plus hésitants, plus timides, et dont l'esprit est ainsi fait que la moindre idée poétique leur suggère un grand nombre de possibles ayant tous à peu près la même efficacité imaginaire, on sent qu'ils ont été en proie au tourment du choix. Et l'on ne voit pas toujours très clairement en quoi la version retenue l'emporte sur la version rejetée. C'est qu'elles ne s'échelonnent pas sur un seul et unique chemin de perfection : elles constituent autant de poèmes différents qui ne s'annulent pas, ou plutôt : *le miroitement d'un grand poème d'ubiquité.* Et les poètes sont tentés — comme Paul Valéry l'a été une fois — de juxtaposer à titre d'exemple deux versions, aussi authentiques l'une que l'autre, d'un même thème.

Plus absolument encore, Raymond Queneau prend le poétique tel qu'il est dans chacun de ses renoncements : le même et jamais le même : *l'anti-ressemblance.* Il a raison : la poésie est d'autant plus parfaite que, multiple, elle exclut — ou surmonte — le choix. Dirons-nous alors qu'elle n'est pas, qu'elle se suicide dans sa multiplicité ? Oui et non. Elle n'est pas ; elle passe, allumant partout ses lampes aussitôt éteintes. Il faut la saisir au vol, ne pas la retenir ni l'étrangler (ni encore moins l'exploiter), mais la rattraper sous d'autres espèces.

Jupiter était toujours amoureux de la même femme, mais il ne le savait pas. Il ne la reconnaissait jamais sous les formes diverses de sa beauté : c'est lui qui croyait se métamorphoser.

Le style et le ton

Le style est l'envers de l'homme. Il traduit moins qu'il ne compense et ce sont plutôt des tabous, des interdits secrets, des éloignements qui le constituent que des dilections ou préférences positives. Faut-il le rappeler ? On n'accède jamais au style personnel, à cet art « singulier » auquel la critique traditionnelle accorde d'ailleurs beaucoup trop d'importance — qu'en transformant en qualité ses défauts ou même ses déficiences. Car chez tous les écrivains et non pas seulement chez ceux qui, comme Joë Bousquet, ont été blessés dans leur chair, ce sont bien des « manques », de nature physiologique ou caractérologique, qui cherchent à se combler. L'envers du poète, c'est une « personnalité » artificielle et stylistique.

Considéré non plus seulement comme l'ensemble des partis pris, des habitudes négatives d'un écrivain, mais comme un principe de création, le style se réduit à une allure, à un entraînement rythmique intérieur, absolument indéfinissable dans son essence, puisque c'est lui qui appelle les mots et les choisit selon son nombre, imprime à la phrase la courbure originelle sur laquelle ils viennent s'inscrire et détermine à la fois le choix des inflexions syntaxiques et la nature de l'accord qui s'établit entre les significations et les images, les idées et les sonorités. C'est pourquoi on le confond trop souvent avec le *ton*, lequel exerce une action très différente sur la génèse et l'économie du poème.

La « poésie-langage » — j'appelle ainsi la poésie qui invente l'Imaginaire à partir des virtualités non pratiques des mots — est d'abord *un ton qui s'exprime*. Dans nos parlers modernes il ne joue plus qu'un rôle secondaire et pourtant, il traduit encore l'interrogation, l'étonnement, l'admiration et quelques nuances sentimentales. Il constitue, sans nul doute, le plus ancien et le plus direct des langages, puisque nous voyons que les animaux n'ont pas d'autre moyen de communiquer entre eux que cette sorte de modulation où se prolonge leur affectivité. Les sentiments élémentaires s'expriment toujours par des « gestes vocaux » qui procèdent aussi spontanément de la nature que les gestes physiques ; et ils se passent aussi facilement de concepts. Quand, pour la première fois, l'homme s'est avisé qu'il était plus agréable de séduire une femme que de la violer, il a dû se faire comprendre d'elle et la rassurer simplement par l'inflexion de sa voix. Les mots pouvaient n'être pas compris : il suffisait qu'ils servissent de support à la gesticulation vocale émotionnelle. Après tout si le Lettrisme avait su trouver le moyen de *fixer* par des arrangements de voyelles et de consonnes la qualité *abstraite* des cris d'une femme occupée — par exemple — à faire l'amour, il ne serait pas tellement vain (mais le magnétophone ne suffit pas à la tâche : il est sans recul suffisant devant le réel ; et il n'y a point d'art sans miroir, ou plutôt sans milieu isolant).

Parce qu'il n'a pas de contenu « séparable », le ton poétique est indéfinissable. Mais son existence serait prouvée — s'il en était besoin — par le fait assez remarquable que l'on peut être obsédé par les inflexions d'un poème sans se rappeler aucun des mots qui le composent ; par le fait également que le ton d'un poète ne peut être adopté par un autre qu'involontairement, alors que n'importe qui, avec un peu d'application et de travail, peut imiter n'importe quel style.

Si l'on parcourt une anthologie bien faite on s'aperçoit qu'en définitive les plus beaux poèmes ne sont pas les plus profonds, les plus harmonieux, les mieux imagés, les plus attendrissants, les plus neufs (le *ton* n'a pas à être neuf : il échappe au temps), mais ceux qui se trouvent suspendus à ce mystérieux équilibre vocal où le langage trouve son point de perfection. *Il y a des poèmes qui ne signifient que ce que leur ton suggère.*

« Le ton, disait Jean Moréas, c'est la principale marque des grands poètes. Un Racine a le ton et le reste. C'est par leur ton que Ronsard et Corneille sont des génies. » Seulement, je crains que Moréas ne confonde ici le ton et le style ou plutôt les différentes allures — socialisées ou conventionnelles — du Poétique. On connaît le ton familier, le ton du récit, le ton soutenu, le ton du sublime, le ton d'une époque, le ton « surréaliste »... Que sais-je encore ? Ces tonalités, globales, génériques, ou additionnelles, ne sont pas absolument sans rapport avec le *ton esthétique*, mais elles ne constituent pas comme lui la source même de la *poésie-langage*. Il importe au moins de distinguer — ce que ne fait pas Moréas — *le ton esthétique* du *ton empirique ou réaliste*. Le premier est pratiquement *indicible*, il ne passe que dans la voix silencieuse ; le second est traduisible à haute voix, *et il faut qu'il le soit*. Les acteurs le savent bien qui ne manquent jamais *de substituer le second au premier*, quand ils tiennent absolument à déclamer, comme au théâtre, des poèmes qui ne sont faits que pour traduire le vocalisme tout intérieur d'une harmonie imaginaire. La voix des vrais poètes de notre temps doit être « lue ».

Le *ton esthétique* n'a rien à voir, en effet, avec le *ton réaliste* (psychologique) — celui, par exemple, qui dans une tragédie de Racine enregistre, dans la trame des alexandrins, l'inflexion *vraie*, c'est-à-dire reconnue empiriquement comme telle, d'un sentiment ou d'un mouvement d'amour ou de jalousie (je ne dis pas qu'il n'y ait chez Racine que ce ton-là). Ni encore moins avec le ton « sentimental », *réaliste* aussi à sa façon, par lequel un Alfred de Musset restitue dans ses poésies, en se référant à l'expérience de son cœur, la qualité, souvent assez basse, de ses exaltations ou de ses souvenirs.

Le *ton esthétique* est « abstrait » et purement formel. Il correspond à l'accent invocatoire que prend la voix humaine (intérieure et non proférée), silencieusement retranscrite et, dans une certaine mesure, fixée par l'agencement verbal, toutes les fois qu'elle réussit à exprimer, par elle-même *avec le plus de justesse possible*, la situation *authentique* du poète dans le monde (c'est-à-dire dans des circonstances données et à un moment donné), *par rapport au contenu de sa propre inspiration*.

Le ton ne signifie donc rien d'autre que l'adéquation parfaite de la voix à son rôle premier — tout d'intentionnalité — qui est d'« appeler » les mots dans le climat qui doit être le leur. C'est pourquoi le ton des poètes de la voix primordiale (Hölderlin, Eluard, Char...) qui me paraissent — quand même ils ne seraient pas les plus « grands » (mais qu'est-ce que la grandeur ?) — les plus purement poètes, n'est jamais réductible à un accent personnel de désespoir, de résignation ou de douleur. Ils s'adressent *à plus haut qu'eux*, et sur le ton qui authentifie la voix, parce qu'il appartient à l'être et non à l'affectivité empirique. C'est le ton que prennent les hommes pour parler *non de ce qu'ils sont*, mais *à ce qu'ils sont*, quand ils se dépouillent de leur vie et se libèrent — dans le jeu esthétique — de leur destin vécu. *C'est l'accent du sujet purifié.*

Souvent premier par rapport à l'imagerie (qu'il suscite) et jaillissant à son heure de nos profondeurs inconscientes, le ton ne saurait être, en tant que tel, provoqué, élaboré, modifié par l'art. Il ne peut qu'être *capté* et imité par la voix silencieuse de l'écriture (avec plus ou moins de bonheur).

Il n'est donc pas étonnant que la plupart des critiques ne l'entendent même pas. Ou qu'ils le confondent avec la prétendue « musique » des mots (qui n'a rien de « musical » et dont la valeur expressive, en tant qu'*harmonie imitative*, m'a toujours paru fort limitée). Leur erreur est à peine moins grave que celle de ces sourds qui, aux époques primitives et aux époques de décadence, mettent la poésie en musique et en étouffent le *ton* sous des airs de guitare.

Bien que dans chaque poème le ton revête, en principe, un aspect différent, il ne laisse pas de présenter une certaine constance, correspondant naturellement à la subjectivité du poète, mais traduisant aussi la similitude relative de ses réactions, et sa liberté (esthétique) à l'égard du monde *circonstanciel* auquel il s'adresse. Je pense au *ton* inoubliable de Paul Eluard, à cette « voix blanche », qui anime tous ses poèmes et en fait l'unité.

Le ton, ai-je dit, ne se laisse pas ramener aussi facilement que le style — dont on peut analyser et recenser les caractères permanents et objectifs (tours syntaxiques, vocabulaire préférentiel, manies et tics) — à ses déterminants profonds. Il est, lui aussi, principe interne d'unité — et c'est pourquoi on le distingue si malaisément du style — mais cette unité, il ne l'établit qu'au niveau premier de l'inspiration où le poème — à peine pressenti — n'a encore pour *équivalent* que l'intensité (signifiante par elle-même) de la voix infiniment juste *qui le suscite*.

C'est en cela que le ton constitue l'essence du poétique, puisque, *dans la poésie-langage* (il en est tout autrement dans la poésie-fiction), toute la matière expressive : les mots, les rythmes, les idées (imaginaires) qui concourent à la fixer sont, en fin de compte, aimantés par lui. Il est donc la suprême perfection du langage en tant que celui-ci est *créateur d'imaginaire* et non pas simplement *traducteur*.

Il existe des poèmes authentiques dépourvus de style « singulier », il n'en existe pas qui manquent absolument de ton. Il y a, certes, de grands poètes qui ont un style éblouissant et *le ton faux* : ce sont de faux grands poètes. Il en est d'autres qui ont le ton juste quand ils n'ont point de style, et qui le perdent lorsqu'ils reviennent à leur écriture parfaite : ce sont des poètes intermittents.

Pour opposés qu'ils soient en essence, le ton et le style se trouvent pourtant, en fait, dans une dépendance réciproque : le ton est révélé par le style, mais pourrait-on dire, en *dépit du style*. Si le style empêche trop souvent le ton de se dégager, ou s'il l'étouffe sous le bruit de broyeur de l'alexandrin ou sous les schémas traditionnels de la rhétorique, ou sous quelque banal ornement, il est évident que dans la bonne poésie il lui est soumis, en tant qu'il a pour fonction *de le préserver et de l'isoler*. Car le style a beau faire appel à des rythmes, à des tours, à des prédilections syntaxiques qui n'intéressent pas directement le ton, il faut bien admettre que ce dernier ne peut manifester sa présence que par une sorte de *contre-rythme* s'inscrivant en filigrane dans le rythme et dans le complexe stylistique, et les modifiant selon son accentuation propre. C'est ainsi, par exemple, que dans la poésie classique, les coupes qu'il suggère ne le déterminent et ne le fixent qu'en se superposant, par transparence, aux césures voulues par la sémantique ou à celles, plus conventionnelles, imposées par la prosodie.

Quand il n'est pas vanité pure, le style doit donc constituer un minutieux réglage, un système de balances très sensibles où la juste tonalité de la voix vient se peser et où elle imprime la qualité de ses inflexions. Il serait plus exact encore de le considérer comme une sorte *d'équilibre de base que le ton doit légèrement dérégler* pour se faire entendre. Et cela revient à dire que l'expression stylistique personnelle doit s'effacer devant le ton, *comme si elle procédait de lui* et n'avait d'autre tâche que de le *soutenir*.

Toute critique valable devrait être précédée, à mon avis, d'une mise au point précise des rapports généraux du ton et de l'écriture dans une œuvre donnée. Car il y a de nombreux cas où le style d'un écrivain ne peut être vraiment caractérisé que *relativement au ton*, soit qu'il le sauve et l'amplifie, soit qu'au contraire il le fasse disparaître sous ses effets trop insistants.

*
* *

De l'imaginaire

Pour le sens commun ce qui est « imaginaire » s'oppose d'une part à ce qui est conceptuel (les idées claires, les concepts scientifiques, le rationnel) et d'autre part à ce qui est réel. Un théorème et surtout sa démonstration, cela n'est point de l'imaginaire. Le monde que nous avons sous les yeux — quelles que soient les réserves d'ordre philosophique que nous fassions sur sa nature véritable — conserve une certaine identité théorique, objective, pratique : il n'est point imaginaire.

Le même sens commun qualifie au contraire d'*imaginaire* ce qui est rêvé ou construit par l'esprit subconscient ou conscient, à partir de matériaux empruntés à la réalité intérieure ou extérieure, mais *librement*, c'est-à-dire sans référence *à la vérité rationnelle ou à la vérité pratique*. Cette liberté d'imagination — qui ne se distingue guère de l'invention — est celle dont usent les écrivains pour élaborer leurs fictions : romans policiers ou poèmes épiques. C'est une faculté de jeu qui permet à l'esprit créateur de disposer à son gré des êtres et des choses, en recomposant autrement leurs aventures, mais en leur laissant toutefois un air de vérité qui permette de les reconnaître.

En art où tout est feint, disait Fontenelle, le vrai n'est jamais que la vraisemblance. Peu importe donc qu'une fiction réaliste — meurtre ou adultère — ait été imaginée ou prise dans la chronique. Si elle « ressemble » au vrai, elle s'annexe *ipso facto* au réel. Nous considérerions l'Histoire comme un tissu de beaux romans, si nous ne savions pas qu'elle est l'Histoire (d'autant plus facilement que certains de ses épisodes se plient, par accident et naturellement, aux lois du véritable Imaginaire poétique). Quant aux contes merveilleux, tout le monde sait qu'ils ont jadis répondu à des croyances et que, par conséquent, pour ceux qui ne doutaient pas de l'existence des fées, ils contenaient autant de vérité que le roman le plus « vériste ». D'ailleurs, pour invraisemblables qu'ils soient, ils présentent eux aussi une sorte de cohérence externe qui fait que, dans le monde fantastique où ils transportent les données empiriques, la fée n'est jamais qu'une femme, et le diable, qu'un méchant homme.

La poésie se meut dans un Imaginaire tout différent qui fait bloc avec l'idée ou la chose, sans les supprimer ni les altérer, et *qui se borne à imaginer ce qui est.* L'Imaginaire n'est ici qu'une façon de se représenter les idées et le monde *comme s'ils dépendaient de l'effet désintéressé qu'ils produisent sur nous* et comme s'ils se réduisaient à cet effet. C'est la même forêt que le marchand de bois considère sous un jour poétique ; ce sont les mêmes rapports conceptuels, théoriques, que le savant et le philosophe découvrent et interprètent rationnellement, et les poètes, poétiquement ; les mêmes données psychologiques que le psychanalyste retient comme symptômes d'une névrose, et le poète comme autant de révélations de la beauté brute.

Il est certain que la pensée la plus abstraite, le spectacle le plus sordidement concret, peuvent être également saisis sous la catégorie de l'Imaginaire. *Rien n'est poétique en soi, tout est poétique.* Et il est au pouvoir du poète de faire « passer à l'Imaginaire » tout ce qui existe dans le monde, *y compris la vérité, y compris le langage.*

Le langage est une sorte de mémoire toujours présente. Mais en certains cas *il se souvient seulement qu'il a vu*, et en d'autres, il se souvient *de ce qu'il a vu*. C'est pourquoi il assume deux fonctions (pour ne parler que de celles qui intéressent notre propos), dont chacune correspond à une poésie différente.

Il est devenu banal de dire du langage pratique, socialisé, qu'il renvoie aux choses sans les évoquer, en les désignant comme d'un geste et en mettant entre parenthèses leur signification. En revanche, il est exactement compris de toute la tribu, ou, à peu près exactement, car il a derrière lui l'usage, les définitions du dictionnaire et même, si l'on veut, celles beaucoup plus rigoureuses de la science. Mais il s'oublie au profit de ce qu'il transmet : il glisse sur les termes qui le composent — dont nous *savons* que nous connaissons le sens : il va vers l'objet. Il en est de ces mots comme des souvenirs que nous n'avons pas besoin de rappeler dans toute la richesse de leur imagerie. Il nous suffit de savoir que nous pourrions le faire, si besoin était.

Pour entendre parfaitement le vers de La Fontaine : *Le long d'un clair ruisseau buvait une colombe*, il n'est pas utile de se représenter la campagne. La mémoire permanente y va à notre place, et sans même nous le dire. On remarquera qu'à moins d'avoir été soumis à une certaine préparation poétique destinée à le rendre un peu insolite, et partant, légèrement représentatif — celle qu'il a subie dans le vers de La Fontaine est élémentaire et purement rythmique — le langage pratique *ne fait rien voir du tout* : il renseigne. Et *plus il requiert la propriété des termes* et *moins il fait voir*. Simple geste, simple allusion, tourné vers la vie pratique, il ne vise qu'à économiser notre énergie spirituelle en nous évitant les efforts visionnaires. Et l'on conçoit parfaitement que les poètes répugnent à écrire : « La Marquise sortit à cinq heures. »

Cependant, et contrairement à ce que l'on avance quelquefois, il a ceci de parfaitement poétique, qu'en raison même de son ouverture sur les choses, il représente l'*Ouvert*, le *Large*, et la *Respiration*, sans quoi la poésie *s'enfermerait* précisément dans les mots. Il est véritablement la transparence de l'espace dans lequel il nous fait entrer. On oublie ce fait remarquable : que les images — celles du langage « poétique » — qui sont censées *faire voir* le réel dans toute sa vivacité *ne le font jamais voir comme il est*, elles le trahissent en le faisant passer à l'Imaginaire, et, en vérité, *elles ne font voir qu'elles-mêmes*.

De sorte qu'en tant qu'elle est *imitation de la nature*, la poésie doit se servir du *langage pratique* (impliquant la propriété des termes et une certaine pauvreté abstraite — même quand il désigne du concret). Il est pâle reflet des choses, mais *allusion exacte aux choses*. En tant qu'elle est « imagée », donc imaginaire, la poésie se sert de *son langage particulier* mais alors *elle n'imite pas la nature*. (A la limite elle peut enfermer si bien le réel dans les mots qu'il n'y *respire* plus du tout ; et elle-même n'est plus alors que jeu de mots *à l'intérieur du langage : Préciosité*.)

1. *Moins la poésie imagine le réel*, moins elle est représentative, et plus elle s'ouvre sur l'espace vivant, sur la présence réelle des choses.

2. *Plus elle imagine le réel*, moins elle le fait voir comme il est ; *moins elle l'imite*. Moins elle imite le réel, plus elle l'enferme dans des images (qui se *projettent elles aussi* sur l'ouverture et qui y respirent).

3. Mais si *elle l'enferme dans les mots* au lieu de l'enfermer dans des images, elle est *anti-poésie* (dans la mesure où la Préciosité n'est pas la Poésie).

C'est ce langage aéré, transparent, tourné vers l'extériorité, qui est le plus apte à servir la poésie « ouverte » (ou poésie-fiction), celle des grands ensembles — poèmes épiques ou romans — dont la beauté ne tient pas essentiellement aux détails, mais à une harmonie de structure où l'imaginaire devient architectural. Et cela d'autant plus parfaitement qu'il est plus neutre, plus exact — il est entendu de tous — et qu'il n'accueille qu'exceptionnellement les aventures — *créatrices* — du hasard et des mots. La poésie n'est pas en lui, il ne la découvre pas : il la présente seulement. Elle n'est que dans l'Imaginaire subjectif — quelquefois aussi, il est vrai, dans le Réel lui-même, par accident — mais il la montre d'autant plus fidèlement qu'elle est extérieure à lui et, en principe, indépendante de ses *virtualités*.

Mais le langage présente un autre caractère : il a *aussi* le pouvoir de se souvenir *de ce qu'il a vu et de se changer en ce qu'il voit*. C'est là une de ses propriétés les plus remarquables (je ne parle que de celles qui intéressent la poésie) : il redescend parfois au chaos verbal où rien n'est stable, où rien n'est déterminé, où rien n'est à proprement parler communicable. Les mots se chargent alors d'un grand nombre de significations fugitives et confuses, à peine saisissables, mais dotées d'un certain contenu représentatif, d'une *aura* imaginaire (parfois hallucinatoire) et d'une spontanéité *motrice*, qui leur permettent de se contaminer les uns les autres, de réagir irrationnellement aux idées logiques et aux définitions en ne suivant jamais que leur pente affective et subconsciente. Leur qualité et leur intensité sont naturellement variables selon le *ton* du poème ou ses arrangements stylistiques. Enfin, ils s'accompagnent toujours de phantasmes qui n'ont aucun rapport direct avec leur signification habituelle et qui n'obéissent qu'aux suggestions de l'inconscient.

Reposant sur la *singularisation* des significations et l'impropriété absolue des termes, ce langage « en fusion » ne peut aller que de *Moi* à *Moi* ou de *Moi* à *Toi*. Encore est-ce par une sorte d'illusion que le *Tu* croit l'entendre. Il est donc un médiocre instrument de communication puisqu'il n'est pas socialisable et qu'il n'exprime guère que l'individuel. *Mais il est créateur*. C'est grâce à son pouvoir explosif que s'invente l'imaginaire et que la poésie trouve ce qu'elle cherche et même le fixe dans les mots avant de l'avoir saisi.

On conçoit que la Science et l'utilitarisme pratique tiennent cette forme de langage pour nulle et non avenue, et que la poésie classique en ait réprimé les effets et réduit toujours leur rôle au minimum.

Mais la poésie moderne (Mallarmé, le surréalisme) qui, à la limite, ne veut rien exprimer *d'intelligible*, mais seulement créer un *objet d'imagination* capable de faire passer un courant de *sympathie* active entre les subconsciences — et souvent même, uniquement, une *disposition* euphorique à « *imaginer* » — voit en lui l'instrument priviliégié de la poésie authentique, laquelle ne se trouve qu'après avoir, au préalable, déréglé et illimité dans l'imaginaire toutes les significations intellectuelles et pratiques.

Le langage en fusion obéit pourtant à des lois. Peut-être le psychanalyste pourrait-il expliquer pourquoi tel lecteur prête à tel mot ou à telle phrase la signification fantastique qui l'émeut. Mais, pratiquement, la chose est bien difficile. L'explication, d'ailleurs, serait sans utilité. Il reste que le poète *n'exprime rien* : il donne au lecteur une imagerie échangeable contre toute autre. C'est tout. Il est certain que le lecteur n'éprouve pas nécessairement la même impression que celle que le poète a ressentie. Mais si le poème est valable, il en reçoit une autre du même genre ; et, de toute façon, il connaît, à le lire, la tentation d'entrer enfin dans une pensée imaginaire, facile, libre (accordée aux lois secrètes de son esprit), comme dans un rêve heureux.

Il résulte de ces quelques remarques que les recherches, si à la mode aujourd'hui, portant sur la nature du langage, en tant qu'il *traduit*, passent presque toujours à côté de la question. On peut — et l'on doit — composer de savantes rhétoriques généralisées ; on peut — et l'on doit — approfondir les mécanismes de la parfaite *communication*, mais ce n'est point là ce qui est en cause ; ce n'est point là que réside le mystère de la poésie. Ce sont les lois de notre nature *imaginante* qu'il convient de découvrir, car *si l'on pense nécessairement avec des mots, on n'imagine pas toujours avec des mots*. Et le langage, libéré par elle, n'obéit qu'aux lois qu'elle lui impose. Il y a dans l'homme une pensée libre ouverte sur la sur-temporalité, dont la grammaire est aussi précise, à sa façon, que les Rhétoriques. L'étudier, c'est découvrir comment elle fait passer à l'imaginaire tout le réel concret et pensé, *et aussi le langage lui-même quand il représente ce réel*.

En vérité et bien qu'on puisse voir dans cette affirmation une sorte de paradoxe, ou bien la poésie utilise le langage expressif, traducteur, socialisé et alors l'Imaginaire n'est *point dans le langage*. Ou bien elle naît du langage, mais alors elle le nie du même coup en tant qu'instrument de communication exacte. La poésie, art d'imaginer et de donner à imaginer, *imagine aussi son langage*.

Passage du temps à l'imaginaire

1. Il n'y a, me semble-t-il, que trois façons de transformer le temps pratique, mesurable, en temps imaginaire. La première consiste à « musicaliser » son contenu en le soumettant à un rythme. Les vers, par exemple, se déroulent dans une temporalité seconde qui nous oblige, tant que dure la lecture, à vivre un temps artificiel et harmonieux. J'appelle ce temps — qui n'a cours que dans *la poésie-langage* : temps harmonieux.

2. Le temps passe également à l'imaginaire lorsque les rapports poétiques établis entre les idées, les sentiments et les choses sont si nouveaux et si indirects (ne fût-ce qu'en raison de la forme obscure qu'ils revêtent) qu'ils exigent de la part de l'esprit qui les *approfondit* — sans effort analytique, d'ailleurs, et comme en rêve — une certaine *dépense de temps*. Cette « envolée », en quoi se situe le charme poétique, n'*harmonise* pas le temps, elle le transporte simplement dans une sorte de sur-temporalité où il s'oublie. Ce temps n'est imaginaire que par son contenu : il ressemble au temps du rêve et peut se « dilater » — ou donner l'impression de se dilater — indéfiniment. Appelons-le *temps profond* — il intéresse à la fois la *poésie-langage* et la *poésie-fiction*.

(On remarquera que ces deux schémas temporels ne s'excluent pas. Mais si le *temps harmonieux* est trop insistant, il peut contrecarrer à la fois, dans un même poème, le *ton* et le *temps profond*.)

3. Dans toute fiction de quelque étendue le temps se trouve soumis à un rythme qui d'une part le dérègle, d'autre part l'accorde aux autres éléments de la structure. Il s'y déroule d'une telle façon qu'il paraît dépendre d'un souci formaliste beaucoup plus que de celui de sauvegarder la vraisemblance. *Il devient expressif par son allure artificielle même.* De toute manière, le temps ainsi restitué passe à l'imaginaire en ce qu'il ne coïncide ni avec le *temps matériel* (le temps que dure la lecture de l'ouvrage) ni avec le *temps de vraisemblance* (celui qui correspondrait au déroulement réel de l'aventure). Il est harmonisé, se plie à des symétries, obéit à une allure esthétiquement prévue : il est *forme*. Nous l'appellerons *temps morphologique*.

(Bien qu'il n'ait cours que dans la poésie-fiction, il ressemble beaucoup au *temps harmonieux* de la poésie-langage. Il n'en diffère qu'en ce qu'il est étroitement lié à d'autres éléments structurels que la poésie-langage ne connaît pas. C'est sûrement cette similitude qui permet le mieux de réduire l'antagonisme apparent des deux poésies, et de ramener leur dualisme à l'unité.)

En poésie on ne peut faire voir un objet qu'en le comparant à un autre. Mais, en vérité, la métaphore abstrait de l'objet une ou plusieurs qualités sensibles qu'elle ne peut concrétiser que par la juxtaposition — ou la fusion — de deux images. Elle est donc toujours la réalisation d'une abstraction ; réalisation qui ne peut apparaître que dans deux objets simultanément présentés. A vrai dire même, pour qu'elle soit parfaite, il faut que le premier terme ne nous fasse voir *in concreto* que l'abstrait du second. D'où le pouvoir libérateur — mais aussi, *déréglant* — de l'image qui, à la limite, nous rend vraiment l'invisible visible. Pour que je puisse « voir » la sveltesse de Nausicaa il faut qu'elle soit abstraite, et transférée à autre chose qu'elle : le palmier de Délos. Ce qui revient à dire que lorsque la métaphore — ou l'image — semble unir deux concrets, en réalité, elle associe toujours un abstrait et un concret. Elle ne constitue donc pas une simple analogie formelle, encore moins la confrontation de deux objets. Elle n'équivaut pas à l'action stupide qui consisterait à représenter une chose par une autre. Les métaphores classiques — même celles qu'on appelle morales — et les images surréalistes sont exactement de même nature : elles réalisent l'invisible et illimitent le concret.

Mais il s'est opéré à l'époque moderne une sorte de renversement en ce qui concerne l'importance à accorder respectivement aux deux termes en présence. Si un objet sert à illustrer symboliquement une réalité plus haute, d'ordre conceptuel, par exemple, ou métaphysique, il faut souligner que ce rapprochement symbolique a *aussi pour effet de poétiser cet objet*. Et dans ce cas, le symbole ne symbolise que lui-même. Il n'a pour but que de situer l'objet en question dans les perspectives imagées, imaginaires, illimitantes dont il a besoin pour sortir de sa réalité brute.

Le pentagramme imaginaire

On sait que le pentagone régulier engendre par le jeu même de ses lignes, une étoile à cinq branches, et cette étoile, un nouveau pentagone, où elle s'inscrit, et cela jusqu'à l'infini. Le mathématicien qui enregistre ces propriétés ne s'en émerveille point — à moins qu'il ne se double d'un poète — et la définition de cette figure ne comporte pour lui aucune marge d'imaginaire. Toute autre est l'attitude poétique : elle n'ajoute rien à la vérité, elle ne la fausse en aucune façon, elle la situe simplement dans un autre éclairage. Le poète adopte d'abord un esprit de paresse attentive et de jeu, qui le pousse à s'étonner, sans doute, de l'ordre géométrique (en lui-même assez extraordinaire), mais lui suggère surtout une sorte d'image facile de la mystérieuse finalité — peut-être illusoire — qui a prévu de telles coïncidences formelles. Il se trouve à la fois déconcerté et charmé par la vision confuse qui se présente à lui d'une *infinité* de pentagones et d'étoiles s'échappant de la figure qu'il contemple, et qui semblent vouloir rejoindre le ciel. C'est maintenant le rythme de ces images — alternativement : étoiles et pentagones — qui s'impose à lui — une véritable *pulsion*. Voici que le pentagramme se met à battre comme une montre, ou comme un cœur, dans l'illimité..

Les propriétés du pentagone régulier lui sont donc maintenant présentées dans une atmosphère d'émerveillement, de mystère, et dans une sorte de syncrétisme qui défie l'analyse. La *perfection formelle*, nécessaire, de la figure, est devenue le centre d'un devenir non clairement conçu — il ne veut pas l'être —

mais qu'on imagine avec une sorte de plaisir. L'immobile n'est plus saisi que dans le *mouvement* qu'il s'ajoute et qui n'a pas de fin ; et cette forme, si bien délimitée et si pure dans sa finitude, se perd maintenant dans ses *effets*, dans ses conséquences, dans les transformations dont elle est le principe...

Tous les primitifs ont poétisé de la sorte les figures géométriques — celles qui se prêtaient à un tel passage à l'Imaginaire. Et sans doute il ne faut pas chercher d'autre cause à l'usage religieux ou magique, qu'ils en ont fait. Ils ont vu en ces images des symboles, me dira-t-on. Bien sûr, mais ils se sont émerveillés d'abord de pouvoir *imaginer* une infinité de figures et le mouvement qui les change les unes en les autres, sous les espèces d'une représentation simple, tracée sur le sable, immobile sans fin...

Les poètes ne font pas autre chose quand ils perçoivent, dans l'Imaginaire, toute la complexité du Réel sous la forme d'un objet bien clos, mais rayonnant.

L'Imaginaire et le Formel

Toute fiction est régie par trois structures très générales dont les axes se superposent souvent, surtout dans l'art classique, mais qui ne se confondent pas absolument dans la réalité de la composition. La première de ces structures est d'essence *rhétorique* : elle assure l'ordre logique, le plan de l'œuvre, y répartit les coups de théâtre de façon à ménager l'intérêt. Étant donné que la fiction se divise nécessairement en trois parties (le commencement, le milieu et la fin), son axe rhétorique doit se situer, selon Aristote, à peu près au milieu — mais plutôt vers la fin — de la seconde partie. Comme depuis longtemps déjà les poèmes et les romans n'obéissent plus guère à la Rhétorique d'Aristote, cet axe, quand il existe encore, se confond pratiquement avec les deux autres et il se trouve rejeté beaucoup plus loin vers la fin et tout près du dénouement. C'est dire que la structure rhétorique ne présente plus d'intérêt, sinon dans la mesure où elle peut fournir des articulations à la morphologie temporelle, qui cependant, dans la plupart des cas, la *dérègle*.

La structure temporelle est beaucoup plus importante parce qu'il n'est pas de fiction qui ne présente le déroulement d'un destin, donc : une forme-temps. Et comme le temps intérieur au récit ne peut correspondre ni au temps *matériel* (celui que dure la lecture) ni au temps *vraisemblable* (celui dans lequel se passerait l'action, si elle était réelle), il faut nécessairement qu'il soit imaginaire et organisé selon une exigence purement esthétique. C'est la *structure temporelle* qui règle donc l'allure du temps dans la poésie de roman comme dans la poésie épique. Cette allure est évidemment très variable, selon que la direction générale de la composition est ascendante ou descendante, ou d'abord descendante, puis ascendante, ou qu'elle obéit à toute autre combinaison possible de mouvements fatidiques. Non seulement la structure temporelle impose au héros principal, et aux personnages secondaires, les rythmes qui lui conviennent, mais elle dispose encore les événements essentiels selon une ligne mélodique dont les articulations sont marquées par des faits significatifs, symboliques, annonciateurs souvent de la catastrophe, qui ont pour but de rendre sensible à l'inconscient le primat de l'Imaginaire formel sur l'événementiel. Ce qui rend parfois difficile l'établissement de ces symétries ou contrastes temporels, c'est qu'il est nécessaire qu'ils s'accordent symboliquement avec le caractère du héros : Julien Sorel ne peut avoir, comme Napoléon qu'il admire, qu'un destin solarien, c'est-à-dire d'abord rapide et ascendant, puis descendant brusquement vers la chute. Il faut également qu'ils soient en familiarité avec les éléments formels des autres structures, surtout avec ceux qui composent, à proprement parler, la Morphologie fatidique.

L'axe de la structure temporelle passe généralement par le moment où les composantes antagonistes du destin, pour le personnage principal, *ne sont plus en équilibre* et où, par conséquent, l'on s'achemine vers le dénouement. Mais ce dénouement peut être en lui-même très long ou très bref. Il peut correspondre, par exemple, à une série d'échecs, entrecoupée de victoires relatives et de relèvements, ou à l'échec définitif du héros et à sa mort brutale. C'est la structure morphologique qui conditionne ici les durées.

Naguère, la *structure morphologique* avait surtout pour tâche d'établir ou de rétablir l'équilibre du Tout-ensemble. Elle était régulatrice. *Il n'est pas de fiction qui ne mette en jeu au moins deux possibles — ou deux groupes de possibles — antagonistes*, ou si l'on préfère, deux éventualités — *dont une seule est possible*. Nous ignorons laquelle. Et les poètes et les romanciers font tout ce qu'ils peuvent pour nous laisser dans cette ignorance ou même pour égarer notre perspicacité. Il n'est pas de fiction, par conséquent, qui ne prévoie *un temps d'arrêt* — il peut durer assez longtemps et comporter des épisodes secondaires assez variés — *où les deux possibilités s'affrontent et s'équilibrent* : c'est ce que j'appelle la situation *anceps*. L'axe de la structure morphologique est toujours très nettement fixé : il marque le moment exact où l'équilibre va se rompre définitivement et l'action se précipiter vers le dénouement. Il tend par là à se confondre avec l'axe temporel. Cependant, ce dernier n'est qu'un repère chronologique en correspondance avec tout un ensemble de signes temporels, tandis que la situation *anceps* est une *durée* dont le poète peut faire varier à son gré la richesse événementielle (rien ne s'oppose par exemple à ce qu'elle occupe la moitié ou la quasi-totalité de la fiction). C'est pour cette raison que la *structure morphologique* joue dans l'harmonisation de l'Imaginaire un rôle primordial de régulation. S'il importe que le temps ne se précipite pas trop vite *de l'axe rhétorique vers le dénouement*, on recule la situation *anceps* presque jusqu'au dénouement. S'il faut, au contraire, que le temps ralentisse son allure *du début à l'axe rhétorique*, on situe *l'anceps* plus près du commencement (vers le milieu, et l'on rejoint ici la rhétorique aristotélicienne).

C'est sans doute ce que veut dire Hölderlin dans ses *Remarques sur Antigone*, si je le comprends bien, lorsqu'il note que « lorsque les rythmes des représentations sont plus rapides dans la deuxième partie, il faut que la première moitié soit protégée contre la seconde et que l'équilibre, précisément parce que cette seconde moitié est originellement plus rapide et paraît peser plus lourd, incline davantage de la fin le commencement, du fait de la *césure* (Hölderlin appelle *césure* ou *suspension antirythmique* ce que j'appelle situation *anceps*), dont le poids porte contre le courant primitif ».

Aujourd'hui les fictions (les romans et surtout les films) ont, pour ainsi dire, comme cœur le groupe que forment les trois axes dans une même zone assez étroite et presque toujours *très rapprochée de la fin*. Les axes précèdent immédiatement le dénouement. Il en résulte, d'une part, que la rhétorique aristotélicienne est absolument déréglée — ce qui n'a pas grande importance — et que, d'autre part, l'axe temporel se confond de plus en plus avec l'axe morphologique. Cela a sans doute pour effet de *musicaliser* beaucoup la fiction, puisque la morphologie se trouve maintenant surbordonnée à la *Forme-temps* beaucoup plus qu'elle ne l'était autrefois, et que son contenu — pour réaliste et chaotique qu'il soit — y obéit plus facilement au formalisme abstrait, c'est-à-dire à l'*Imaginaire*.

Tout le corps de l'œuvre — du début à l'*anceps* — est donc occupé par l'antagonisme des deux possibles. Ce qui pourrait engendrer, si la fiction moderne n'était pas devenue « *miroitante-discontinue* » et ne comportait pas une série de chutes et de relèvements dont nous ne pouvons pas savoir quel est celui qui coïncidera avec la catastrophe — des événements « significateurs » et *ornementaux* qui ne rentrent dans l'unité du Tout-ensemble — surtout les scènes érotiques — qu'en vertu des affinités d'ordre poétique, c'est-à-dire lointaines et indirectes, qu'ils entretiennent avec lui. Ce système de rapports plus ou moins symboliques — *symboliques par position* — suffit à « formaliser » malgré eux et à pénétrer d'Imaginaire les films les plus stupidement réalistes.

Il est curieux de constater que le vieil agencement (il répond à une exigence fondamentale de l'inconscient humain : *ce qui a failli d'être* impressionne très vivement l'imagination) — selon lequel la catastrophe ne se produit, pour le héros, que *juste au moment* où il était sur le point de triompher ; ou selon lequel, d'une façon plus générale, l'une des possibilités ne l'emporte sur l'autre que de justesse et comme par hasard (un hasard fatidique) — a survécu à toutes les révolutions esthétiques et à la mort des rhétoriques anciennes.

On sait qu'il produit d'ordinaire *un reflux du temps* (on se remplace malgré soi dans le temps antérieur où la possibilité que l'on souhaitait voir se réaliser était encore « possible ») et que ce reflux contribue à harmoniser la temporalité de la fiction et à l'équilibrer en y introduisant l'ombre portée du passé. Dans les romans et dans les films d'aujourd'hui il arrive souvent — le possible que nous aimions n'étant annihilé qu'à la fin de la dernière partie — qu'il s'étende sur tout le décours de l'œuvre, laquelle se trouve alors presque totalement « *passéisée* ». En certains cas on aurait envie de commencer le roman par la fin. Et de fait, nombreux sont les metteurs en scène poètes qui donnent comme passé ce qui est présent, et présent ce qui est passé. L'Imaginaire circule ici sous couleur de rêve, en réalité il rejoint la sur-temporalité.

La poésie sera imaginaire ou ne sera pas. Il est nécessaire et *utile* qu'elle le soit. Mais elle n'est pas *imaginaire* si elle n'est pas *formelle*. A condition d'appeler *Forme* non point le style écrit, la rhétorique, les procédés artistiques traditionnels, mais la morphologie même du Fatidique, telle que nous sommes déterminés à la rêver, on peut dire que le *passage à l'Imaginaire coïncide toujours avec l'apparition d'un formaliste naturel* et constant.

16. *La maison hantée ou de la magie*

1

J'ai vu, deux ou trois fois dans ma vie, des fantômes de morts — que je n'ai point pris pour des morts, mais pour de simples « photo-graphies ». Cependant le fait m'a toujours troublé : d'où viennent ces images ? Comment s'articulent-elles sur le réel ambiant ? En principe, un « fantôme » s'enferme dans ses souvenirs sans jamais pouvoir les reconnaître pour siens ; il étale sa prison, mais ne l'habite pas. Quel rapport peut-il bien y avoir entre le destin de ce mort imagé devenu automatique, vain système de gestes, et ma conscience, qu'il rencontre et où il se mire, d'ailleurs, avec tout un décor hétéroclite groupant des lambeaux de paysages, un piano, le chat de la maison ? Il ne peut se manifester qu'à la condition expresse qu'il y ait interférence de deux destins, dont l'un au moins soit encore vivant (le mien, en l'occurrence). Extraordinaire, n'est-ce pas ? que je ne connaisse point ce monsieur. Il est moi et je n'ai pas l'usage de ses pouvoirs.

2

Un théosophe célèbre me dit un jour : « Observez-le bien : s'il manifeste de la spontanéité, quelque activité libre ; s'il répond intelligemment à vos questions, par exemple, c'est qu'il est plus vivant que vous et moi.

— Vraiment ? Mais s'il est sur le chemin de la libération, en cours de métamorphose, comme vous me le suggériez tout à l'heure ; s'il est occupé à nier son néant temporel, à se raturer ; s'il est à même d'accéder à l'Esprit (à son « soi » supérieur, pour employer vos propres termes), pourquoi voulez-vous qu'il me parle ? Il ne me connaît pas mieux qu'il ne connaît son moi passé : il doit confondre les actes et les personnes et tout embrouiller.

— Les fantômes sont bien décevants, me répondit le théosophe. Sachez que tous ceux qui vous accompagnent et que vous ne voyez pas, sont un seul et même être : le vôtre. L'inconscient s'appelle Légion. Trouvez une méthode pour l'« utiliser » et vous constaterez que dans la mesure exacte où vous n'existez pas, il existe.

— J'ai souvent remarqué, en effet, qu'à certaines époques de l'année, où j'étais en proie à une grande fatigue nerveuse, j'avais la faculté, tout comme les grands capitaines, de m'endormir à volonté dans un fauteuil et de me réveiller quelques minutes plus tard, parfaitement reposé et lucide. Si, avant de m'endormir, je m'étais mis à chercher, obstinément et en vain, la solution d'un problème de mots croisés un peu difficile, eh bien ! au réveil, le mot introuvable jaillissait.

— Vous voyez. Que ne préparez-vous l'agrégation de mathématiques ? Si vous pouviez gagner sur vous de vous mettre quelques instants en sommeil devant l'énoncé du problème, sans oublier de reprendre ensuite conscience, vous résoudriez les questions les plus difficiles, et feriez l'admiration des correcteurs. C'était là la méthode de Corneille Agrippa et de Paracelse.

— Il faudrait être magicien comme eux et je ne le suis qu'aux moments où il ne faut pas.

— La magie, la magie! s'exclama le théosophe, qu'est-ce que la magie? » Saisissant l'occasion de faire étalage de ma facilité, j'improvisai aussitôt une définition qui le surprit moins qu'elle ne m'étonna (dans ma bouche) :

« La magie est l'art de capter l'Imaginaire qui entre pour une part dans la nature du Réel, en tant qu'il peut s'échanger à lui ou se changer en lui ; et aussi en tant qu'il développe la réceptivité au Fatidique ou son attraction par le sujet... La magie, continuai-je —Schopenhauer l'a bien montré — utilise la *volonté pure, celle qui se représente sa fin, mais non pas ses moyens*, et qui, parce qu'elle agit immédiatement sur nous et sur les choses — bien que cette action soit inimaginable — constitue, par ses modes d'application et les rites qui la mettent en œuvre — lesquels, eux, doivent être puissamment et précisément imaginés — un champ de forces tout intérieur à l'Esprit, mais réel et efficace, pour imaginaire qu'il soit lui aussi, et capable de modifier en nous l'*équilibre du monde*.

— Je veux bien, me répondit le théosophe, mais les choses vraiment mystérieuses ne s'accommoderont jamais d'un pareil mystère verbal. La magie est un art simple et tout d'exécution : elle nous enseigne à nous transporter entièrement dans le

Double qui nous accompagne (et qui est plus nous que nous), à profiter de ce qu'il sait — et il sait presque tout — *à agir en lui et non pas en nous.*
— Bravo ! lui dis-je pour finir. Il n'y a donc plus de mystère. Ou plutôt tous se réduisent à un. Il n'y a que la nuit à franchir. Il faut trouver le moyen de s'y réveiller *sans quitter le rêve*. Et sans en mourir. »

3

Il est à peu près impossible qu'une œuvre d'art n'exprime qu'elle-même, c'est-à-dire le rapport de notre sensorialité à notre sensibilité, ou, si l'on préfère : les lois de bon fonctionnement (euphorique) de l'une et de l'autre. Tel qui cherche à structurer harmonieusement une fiction met la main sur un nœud de forces ontologiques ; et le romancier qui « prépare » sa grande scène et croit la rendre plus vraisemblable par des procédés purement techniques (coïncidences décoratives, symétries, musique événementielle) ouvre la porte à une fatalité beaucoup plus mystérieuse que son réalisme semblait vouloir exclure.

C'est l'indice qu'il y a dans le monde un entrecroisement d'harmoniques, un appel incessant de la ressemblance à la ressemblance, qui faussent — heureusement — les imitations qu'on en peut tenter. Toute fiction proposée par l'homme — pour peu qu'elle mette en jeu l'*imaginaire* — devient « magique » dans son essence ; elle se confond à une forme-destin, capte l'écho d'un destin, *ouvre un aperçu prophétique* sur quelque destin.

4

On sait que la première démarche pratique du mage consiste d'abord à *reconnaître pour siens* le monde objectif et les événements qui y surgissent. Cette reconnaissance — qui n'a rien de commun avec la résignation chrétienne, bien qu'elles aient eu l'une et l'autre, à l'origine, même principe — exige la pleine maîtrise de soi. Car il n'est pas naturel à l'homme d'accepter les malheurs « qui lui arrivent », comme faisant partie de son être propre et de son vrai « moi » : il préfère généralement les tenir pour l'expression d'une fatalité extérieure et hostile, et *s'aliéner ainsi lui-même*. Il en va, pourtant du monde objectif comme du monde inconscient : nous ne saurions nous en libérer — ou nous en pénétrer (les deux opérations sont rigoureusement identiques) — qu'en l'intégrant à notre moi « donné ». Pour prévoir le déroulement de la Forme temporelle (et quasi musicale), que nous assumons, il est nécessaire que nous en écoutions courageusement toutes les notes, même celles qui nous terrorisent : elles font partie de la mélodie.

Or la poésie-fiction nous engage — à la faveur d'abord d'une simple activité de jeu (les enfants qui jouent au gendarme et au voleur ont autant de plaisir à faire les morts que les vivants) — à opérer symboliquement l'intériorisation magique de l'*Apparaissant*, de façon à ce que la ressemblance de ce que nous sommes avec notre destin s'y établisse dans une sorte de liberté indolore. La Poésie nous habitue à faire coïncider avec les phénomènes dits objectifs tout ce que notre moi contenait déjà de *fatidique*. La fiction plastique, de son côté, nous révèle nos rapports du moment avec la *Toute-coexistence* et nous situe, dans le décours universel, à la place que nous ne savions pas que nous occupions. Car l'œuvre d'art — et surtout l'œuvre d'art magique — *retient son temps* (l'« arbre » de Magritte ne bouge pas, mais que son immobilité nous approfondit ! on dirait qu'il *vient de s'arrêter*, porteur d'un océan, il respire le temps le plus lointain où il lui souvient d'être apparu) jusqu'à ce que nous l'ayons reconnue dans son déroulement ultérieur qui est aussi le nôtre. Elle nous devance dans le futur. C'est ainsi qu'elle nous « imagine » et qu'elle nous fournit le point de perspective d'où, parfois, nous pouvons *survoler* notre destin comme si nous étions devenus les *libres* spectateurs de nos actes.

5

Dans la mesure où l'on se fait de la magie une idée adéquate, on ne peut que la tenir pour toujours actuelle et nécessaire. Rappelons son postulat de base : Si l'homme est déterminé dans ses actions en tant qu'elles sont répercutées à l'infini — et déjà, même, dans le temps, par les « grands nombres » qui expriment ses démarches répétées, leurs conséquences et surtout les rapports multiples qu'il entretient avec la nature et la société — il demeure libre (d'une liberté de contingence d'ailleurs très relative et d'essence *imaginaire) dans chacun de ses actes uniques* (non renouvelables).

6

Il existe une science du particulier. Sans vouloir diminuer le moins du monde la valeur de la science objective, il est évident que l'ésotériste a le droit de revendiquer comme son domaine propre la véritable connaissance de soi qui, étant donné que l'homme se situe dans le temps, est essentiellement *histoire* et n'a à s'occuper que d'événements déterminants *non renouvelables*. Il m'a toujours paru assez étrange que des philosophes qui répètent qu'il faut se connaître soi-même éprouvent si peu de curiosité *pour le déroulement, jour par jour, de leur propre destinée.* Il n'y a qu'une façon de se connaître en tant qu'être temporel, c'est de noter sa vie quotidienne pour en déterminer l'allure et la forme. Celui qui inscrit quotidiennement sur ses tablettes la qualité des pulsions qui le traversent et les événements heureux ou malheureux qui lui arrivent reconnaît, au bout de quelques années, que le Fatidique n'exclut pas le hasard, mais qu'il obéit à une sorte de morphologie structurant le futur par rapport au passé et l'extériorité naturelle par rapport au subjectif pur. Cet ordre n'est valable, comme l'enseigne l'astrologie, que pour un individu donné et il n'exprime que la familiarité ou la ressemblance qui s'établit *entre ses actes et les événements en apparence fortuits de son existence temporelle.* Il traduit le fait que l'universel ne s'accommode de l'Unique qu'en imposant à chaque être individuel l'obligation, non point de se plier toujours à ses lois, *mais de devenir le point de convergence de tous les hasards qu'il attire et qui prennent son « air ».* Tout individu ressemble à ses hasards. Tout individu est une « coexistence » de caractère esthétique (au moins autant qu'une constellation d'effets et de causes), où les traits de son visage, l'allure de son destin, l'environnement naturel et social et les événements qui lui arrivent sont en *familiarité symbolique*.

7

Sous son aspect traditionnel l'astrologie est certainement fausse. Elle est d'ailleurs pratiquement inutilisable du fait de la multitude d'influences qui pèsent sur chacun de nous, mais elle n'en fournit pas moins le catalogue le plus complet des interdépendances nécessaires existant entre les diverses données caractérologiques. Les tableaux des tempéraments dressés par les psychologues sont trop généraux pour être vrais et pour rendre compte de l'historicité véritable des consciences individuelles. Ils ne contribuent en aucune façon à percer le mystère qui réside dans le *fait*, inexpliqué jusqu'ici, que dans un même « caractère », des traits aussi différents, par exemple, que *l'amour des animaux, le goût du Passé*, se trouvent associés, et se conjuguent, par surcroît, avec des phénomènes affectant l'*allure* même de son destin, comme (par exemple) le *retard* — mesurable — qui accompagne toutes les démarches, et même les réussites des « Saturniens ». Je ne sais pas si ces complexes caractérologiques sont en rapport avec les astres, mais je sais bien qu'ils ont une physionomie constante (on peut les classer) et qu'ils sont *en familiarité* avec des réalités d'un ordre tout différent : les traits du visage et, naturellement, le rythme selon lequel se succèdent les événements de la vie. Ces

« caractères » sont aussi stables que ceux que la psychologie officielle catalogue, mais ils offrent une richesse et une complexité dont seule l'Astrologie a essayé d'« imaginer » la nature — d'ailleurs irrationnelle ou inaccessible à la raison.

D'autre part, il est aisé à chacun de constater — pour peu qu'il tiennent registre de tout ce qui peuple le déroulement de son Destin — que ses propres actions et les « choses qui lui arrivent » sont, elles aussi, dans une sorte de familiarité. A l'intérieur d'une même vie, les hasards s'apprivoisent, deviennent coïncidences significatives et souvent avec une insistance et une *précision* que la prudence sceptique a bien du mal à réduire au hasard absolu. Nos états psychologiques se succèdent avec aussi peu de fantaisie que les heures du jour, et il n'est pas douteux que tous les événements *analogues* qui composent le Destin se produisent plutôt à telle période qu'à telle autre, sans que l'on puisse invoquer pour expliquer cette fixité — *en apparence fortuite* — le retour des saisons ou quelque autre cause invariable.

8

Même si l'astrologie est fausse, elle a du moins le mérite de nous rappeler à l'humilité : elle est le symbole — le beau symbole — de notre servitude. Celui qui se croit soumis aux étoiles se trompe moins que celui qui se croit libre. Je crains, pour ma part, tous les déterminismes et surtout ceux que je ne connais pas et que je ne puis me figurer. Cela me soulage de me représenter — fût-ce de façon vague et symbolique — un conditionnement qui m'enserre de partout. Quand je m'enflamme pour une juste cause j'ai toujours l'impression de subir le contrecoup de quelque explosion solaire, et je me sens ridicule.

« Mais, dit le sage, rien ne prouve que ce soient les taches solaires qui excitent les peuples à prendre les Bastilles ! Allez-vous prétendre que ce sont les influences astrales du mois de mai qui ont poussé les étudiants de toute l'Europe à s'insurger contre la société de consommation ?

— Sûrement pas. Cependant les mouvements de nos cœurs n'en dépendent pas moins de constellations et de soleil profonds.

— Mais, dit encore le sage, il y a les impératifs moraux, la raison, l'indignation, les colères légitimes, l'intérêt...

— C'est vrai. Mais peut-être la raison ne tonne-t-elle en son cratère que lorsque les flammes du soleil tonnent dans le leur. C'est surtout cela qui m'inquiète, bien que je ressente vivement ce que la coïncidence a de poétique. Car si les volcans solaires — ou, ce qui revient à peu près au même, nos volcans intérieurs — *choisissent l'heure* — celle qui s'accorde avec une infinité de causes et les harmonise — c'est donc qu'il y a pour la raison un *temps d'audace* et un *temps d'inertie*, un temps où elle dort et un temps où elle explose. Il m'est difficile de penser que ce temps m'est soumis, et cela m'humilie de penser qu'il ne l'est pas ; et même de façon plus générale *de ne pouvoir pas me commencer où je veux*. Alors je préfère commencer, une fois pour toutes et symboliquement, aux étoiles. »

9

Le grand œuvre des magiciens d'autrefois consistait à prévoir par l'astrologie ou la géomancie — ou plus *sûrement* par l'examen morphologique d'une partie *déjà écoulée* d'un destin individuel — le degré de possibilité analogique de chaque événement, et celui de la réussite de l'opération magique elle-même, en fonction de l'ordre fatidique dans lequel ils devaient s'insérer. Selon une hypothèse qu'il est parfois possible de vérifier par l'emploi de la méthode statistique, ils croyaient que les événements dits fortuits ne se produisaient pas tout à fait par hasard, mais qu'ils avaient plus de chances de se produire dans tel contexte de phénomènes — temporels et spatiaux (la ressemblance appelle la ressemblance et il y a des figures géométriques qui attirent les manifestations de l'Imaginaire, des architectures, qui impliquent la « hantise ») — que dans tel autre ; étant bien entendu que ces ensembles ne se réduisaient pas pour eux à des séries de causes et d'effets, mais qu'ils constituaient aussi des trains d'actions et de réactions analogiques ordonnées selon des lois assez semblables à celles qui régissent les « coexistences » esthétiques, picturales et musicales.

Il n'était donc nullement question pour eux de forcer les pouvoirs de la nature, mais seulement de rendre le sujet plus « attirant », plus réceptif à ces influences instables. Descartes lui-même avait remarqué que lorsqu'il était heureux — de la *pax profunda* des Rose-Croix ? — il gagnait toujours aux jeux de hasard.

L'acte magique n'est pas autre chose, dans son essence, qu'une disposition de la volonté (une volonté qui n'est d'ailleurs pas commencement absolu et que nous « subissons », elle aussi, d'une certaine façon) à se mettre en harmonie symboliquement — donc effectivement, car la mise en place d'un symbole est un acte aussi positif qu'une construction matérielle — avec certaines lignes de force du Réel, et à créer ainsi *dans le monde*, en tonalité de bonheur ou de malheur, une virtualité accordante ou désaccordante.

10

Encore que la Science continue à penser — avec raison, sur le plan où elle se place — qu'un événement matériel ne retient aucune des tonalités spécifiques de l'intention qui l'a suscité, la Magie tient au contraire pour évident que deux actes identiques ou à peu près identiques — mais n'ayant pas les mêmes causes idéelles — ne donnent pas lieu du tout aux mêmes conséquences ou possibilités analogiques. Le pistolet avec lequel Werther s'est suicidé ne s'enveloppe pas du même nuage de futur fatidique que celui dont s'est servi un forcené pour commettre un crime crapuleux. Sur ce point-là, et au moins dans son principe, la Magie est plus vraie que la science : tout objet fait partie d'un complexe événementiel où ce qui ne pense pas est lié à ce qui pense : il est le signe ou le témoin de ce qui a été pensé. Car s'il est exact que l'Apparaissant — la seule réalité que nous connaissions — est toujours un apparaissant pour un « moi », donc, un apparaissant pour un invisible (c'est-à-dire : ma conscience), et que le concret n'existe que pour être happé à chaque instant par cet invisible qui est aussi le *Signifiant* (et cela même au niveau de la coexistence spatiale où l'invisible et le visible étant toujours décalés l'un par rapport à l'autre, le concret se trouve dans l'impossibilité absolue de se maintenir comme existant, sans passer à l'invisible) — on doit admettre qu'il y a un plan de réalité, le seul qui soit accessible à notre pensée où les choses *sont ce qu'elles signifient* avant ou après avoir été ce qu'elles sont, et où, par conséquent, le concret et ses symboles *sont parfaitement interchangeables*.

L'objet, vu sous cet angle « magique », semble inverser le cours du temps. Au lieu de se laisser entraîner de l'existence à la signifiance, il remonte du signifiant à l'existant : il bloque, pour ainsi dire, le rythme, la respiration, de l'apparition phénoménale. Ce plan de réalité ne peut-être que celui de l' « *Apparaissant-Moi* », c'est-à-dire celui dans lequel vient se peindre le destin individuel. C'est pourquoi la Magie est seule capable d'établir analogiquement par ses figurations la morphologie du Fatidique, dans la mesure où celle-ci est d'essence *imaginaire* (imaginaire plus vrai que le Réel, parce que c'est en lui que le Réel *s'achève*) ; et paradoxalement, la loi générale des destinées personnelles qui est d'établir une ressemblance entre tous les événements fortuits qui les composent et la « volonté » (consciente, inconsciente, ou magique) qui les appelle.

11

Quand tu sors d'un lieu de plaisir, encore enveloppé de l'odeur des femmes et d'une chaleur amicale, ne crains pas de marcher haut dans les étoiles en respirant le froid des intervalles divins. Passe en toi-même jusqu'à y frissonner d'être seul dans le battement universel. Avant d'introduire la clef mystérieuse dans la serrure — le grand chien bleu grelotte lui aussi devant sa niche — pense que tu es peut-être « un autre », étranger, prisonnier du gel, dans les espaces où tu t'es survolé. Et ce froid de mort qui te sépare de tout, ne sens-tu pas qu'il te dépossède de chaque pensée où tu vis ? Créature continuée, tu n'es que le dos du silence, et tes pas ne te mènent jamais qu'à un autre silence : un souvenir impersonnel battant à plein rythme dans un cœur dont tu voudrais renaître ! Tu es resté cet enfant qui traverse « aujourd'hui », comme il a peut-être traversé l'éternité, d'un air de somnambule, se rêvant mort quand il était vivant et vivant quand il était mort. Le ciel est la superficie des choses inférieures ; les choses inférieures sont le centre du ciel.

Celui que je suis n'est pas dans ma vie : il serait plutôt dans ma mort. Cependant, il n'a jamais cessé de me voir comme je voulais me voir : enfant distrait, adolescent pesant à peine sur ses aventures, à peine incarné, sinon dans des hasards ; et à la fin : momie dans son sarcophage. Il est devenu assez grand pour me faire taire.

17. *L'Apocalypse ou de la prophétie*

1

Je suis amateur de prophéties et je ne pense pas qu'il faille les mépriser. *Prophetias nolite spernere !* comme le dit saint Paul. Elles sont beaucoup plus captivantes que les rêveries de la science-fiction : elles sont le futur perpétuel.

Il ne faut pas leur demander de nous offrir l'image exacte de ce qui sera, mais seulement de nous mettre en état de prophétiser nous-mêmes, selon notre humeur. La poésie — qui n'est jamais « faite » — nous incite à poétiser sur des poèmes ; de même la prophétie éveille en chacun de nous *l'imagination en mouvement* du Futur.

Car il n'est pas d'homme qui ne se fasse une idée confuse et tendancieuse de la fin des temps et qui n'assiste comme en rêve — selon qu'il est de tempérament optimiste ou pessimiste — à l'achèvement, heureux ou malheureux, de l'Histoire.

Il existe même des prophètes, plus redoutables que les autres parce qu'ils disposent d'une grande puissance politique, qui ne doutent absolument pas de leurs visions. ils sont sûrs que l'Histoire aboutira à un état de perfection immobile et béat; et pour hâter l'avènement de ce paradis, ils n'hésitent pas à sacrifier les générations présentes.

On meurt encore par prophétie.

2

La science ne prévoit d'ordinaire que les recommencements, l'identique répété sous les changements, le possible défini par les statistiques. Or, en matière de destin vivant, c'est presque toujours l'improbable qui arrive.

J'ignore comment s'y prennent les prophètes pour voir se dessiner ainsi l'Avenir. Dieu leur révèle-t-il ce qui n'a pas encore d'existence et à quoi, cependant, il s'est déterminé depuis toujours? L'esprit humain est-il capable — par ses seules ressources inconscientes — de se représenter, de façon d'ailleurs intermittente, les futurs nécessaires? Faut-il faire l'hypothèse que les devins, plus attentifs aux rapports analogiques qu'aux « lois », infèrent de *la forme des événements* déjà passés, et de leur évolution symbolique, celle des événements à venir? Et doit-on admettre, dans ce cas, que les uns et les autres —*y compris l'esprit qui les prévoit* — font partie de la même structure naturelle; et qu'ils ne laissent pas, bien qu'ils ne se répètent pas exactement et ne soient pas de ce fait, scientifiquement prévisibles, de se plier à une harmonie qui commence à l'Imaginaire et s'informe dans la Réalité?

Les prophètes sont presque toujours les auditeurs avertis — et pourtant peu conscients — d'une *musique fatidique*.

3

Quand il s'agit d'un fait futur unique et immense, englobant ou résumant tous les autres, par exemple : la fin de l'Histoire, la prophétie n'envisage que deux *possibilités-types* radicalement opposées : elle les prend l'une et l'autre dans leur plus grande généralité théorique et dans leur plus vaste signification morale. Exemple : *L'Humanité parviendra-t-elle un jour à réaliser son développement total, harmonieux et parfait ?* ou bien : *Marche-t-elle, au contraire, vers l'inconscience, la sottise, la violence animale ?* On objectera que l'Humanité pourrait bien rester indéfiniment dans l'état où elle est, et où elle a toujours été, les changements qu'elle a subis ou qu'elle subira, n'étant, au fond, que matériels, apparents, superficiels. Eh bien ! cette hypothèse tierce, tous les prophètes l'excluent — et surtout les prophètes athées. Peut-être ont-ils raison : l'homme bouge, évolue. *Ou il va vers le mieux ou il va vers le pire.*

En revanche, les deux solutions antagonistes demeurent, par nature, ambivalentes et subjectives. Nul ne peut savoir quelle est vraiment la bonne, sinon *par parti pris*.

Tel qui croit fermement que la société humaine évolue vers un ordre strictement matérialiste s'en réjouit par avance, espérant bien qu'il est le seul possible, fût-il tramé dans l'inconscience spirituelle et la violence devenue justice. Tel autre, qui en est également convaincu, s'en afflige parce qu'il estime que la destination véritable de l'homme est d'accéder à une vie purement spirituelle, quand même elle s'accompagnerait d'un certain désordre matériel. A la limite les deux types de sociétés futures peuvent apparaître comme *également parfaits et également mauvais*, selon le plan où on les situe. Et nul ne pourrait choisir l'une ou l'autre en s'appuyant sur des raisons claires.

Si l'on parie, on n'a qu'une chance sur deux de se tromper *matériellement*. Mais on ne peut point parier sur la signification morale de chacune des deux éventualités *qui impliquent, l'une et l'autre, la certitude préalable*.

4

Même affrontement des contraires dans les prévisions concernant la fin *du temps*. Si l'on suppose qu'il y aura pour l'homme une fin du temps, ce qui est probable, ou bien elle débouchera *sur l'éternité* — heureuse ou malheureuse, peu importe ici — ou bien *sur le néant*. Ou bien : la fin des temps verra le triomphe métaphysique de l'Esprit sur l'inconscience, de l'Être sur le chaos, du « Bien » sur le « Mal » — et elle constituera un « bien » pour les bons, un malheur pour les mauvais ; ou bien : elle confondra tous les humains dans le même anéantissement, sans leur apporter d'ailleurs, à proprement parler, le malheur, puisqu'ils seront à tout jamais privés de conscience.

Ici encore, on n'a qu'une chance sur deux de se tromper. Mais on ne peut parier que selon son cœur.

5

Si l'on veut comprendre les prophéties, il faut respecter les règles du jeu qui les a suscitées.

La première consiste, me semble-t-il, à adopter le point de vue des religions ou des métaphysiques dans lesquelles elles sont apparues (il ne sera question ici que des prophéties judéo-chrétiennes). Le christianisme traditionnel considère, par exemple, que la matérialisation quasi totale de l'homme aux environs de l'an 2000, et son athéisme (ou son refus de toute transcendance) constitueront un mal, et même le *Mal*. Il n'y a aucun inconvénient à adopter, méthodologiquement, la même attitude d'esprit, puisque c'est seulement le *fait* (futur) que l'on veut saisir. L'athée l'interprétera dans le sens qui lui convient. Libre à lui d'enregistrer la prédiction comme signifiant l'avènement d'un ordre matérialiste et rationnel qu'il juge être le vrai Bien.

Il ne faut pas — deuxième règle — exiger des prophéties une précision qu'elles ne sauraient avoir, en ce qui concerne la description matérielle des faits et des choses. Les fours crématoires de Hitler ont sûrement été pré-vus par deux ou trois mystiques du Moyen Age. Mais personne n'aurait pu les reconnaître avant de les avoir vu réellement fonctionner dans les camps nazis. Qui aurait pu prévoir d'ailleurs, vers 1930, que la nation la plus civilisée du monde les mettrait en service, entre 1930 et 1945, pour exterminer les Juifs ?

Il est évident que les prophéties ne peuvent être vérifiées qu'une fois que le fait prédit a eu lieu. Ce qui ne diminue nullement leur valeur théorique, mais affaiblit singulièrement leur utilité pratique.

Seuls les hommes doués d'un certain esprit prophétique peuvent imaginer le contenu approximatif d'une prédiction non encore réalisée. Mais ceux qui n'ont point cet esprit ne la reconnaissent pas davantage comme telle, quand l'événement s'est produit. Ils ont présentement l'habitude de tout expliquer par le « comment » et, par conséquent, de ne s'étonner de rien. Il serait extraordinaire qu'ils n'arrivent pas à découvrir les causes naturelles de ce qui existe, à condition de ne pas y regarder de trop près. Les prophéties, comme d'ailleurs les miracles, *ne prouvent rien*. Jésus-Christ flotterait-il au-dessus de Paris, dans toute sa gloire, les savants trouveraient le moyen d'expliquer ce phénomène par l'hallucination collective, par une aurore boréale, ou par l'arrivée dans notre ciel d'habitants d'une autre planète. Ils ne convaincraient, il est vrai, que ceux qui sont déjà déterminés à être convaincus.

Si les prophéties sont fondées sur des rapports d'analogie, de symétrie, de concordance, c'est-à-dire, sur une structure symbolique et rythmique, il est nécessaire que l'espace de temps où elles demeurent valables soit jalonné *d'événements précurseurs qui préfigurent, en image, l'événement décisif*. Tous les tyrans — surtout les derniers apparus — « annoncent » l'Antéchrist. Les bonnes gens ne se trompaient donc qu'à demi en voyant dans Napoléon, Apollyo, l'ange exterminateur, ou de Hitler, la « Bête » de l'*Apocalypse*. Mais ces personnages, ces signes avant-coureurs contribuent aussi à rendre très difficile l'interprétation des prophéties. La troisième règle consistera donc à ne jamais prendre la dernière image pour la vraie, à en attendre toujours une autre de pire, jusqu'à ce que l'on ait acquis la certitude (?)

que tous les *phénomènes concomitants prédits* sont en train, eux aussi, de faire leur apparition.

C'est sans doute pour une raison analogue que les articulations chronologiques du Destin sont ressenties parfois comme névralgiques par synchronisme. Par exemple, à chaque nouveau millénaire. Si le monde doit finir en l'an 2000 ou en 3000, ou en 4000, il est tout naturel que les chrétiens sensibilisés à cette attente aient enregistré en l'an 1000, comme une vibration analogique, l'approche pourtant lointaine, à cette époque-là, de la catastrophe.

Les prophéties assignent aux événements futurs une certaine date, à partir d'un *point de départ* qui permet de le calculer. Il est très difficile de le fixer exactement. La plupart des commentateurs de l'*Apocalypse* se sont trompés sur la date du retour des Juifs en Palestine — qui selon eux, aurait dû avoir lieu vers la fin XIXe siècle — parce qu'ils n'ont pas su déterminer les points initiaux, ni la durée des ères.

Par exemple, en additionnant les valeurs numériques des lettres composant le verset hébraïque d'Osée que l'on traduit en latin : *Dies multos sedebunt filii Israël sine rege et sine principe*, on trouve le nombre 1790. Les Juifs doivent donc rester sans roi et sans prince (ou chef d'État) pendant dix-sept cent quatre-ving-dix années. Mais à partir de quand ? A partir du moment où, précisément, ils n'ont plus eu de gouvernement national. On admettait donc que c'était à partir de 70 après Jésus-Christ (date de la dernière ruine de Jérusalem). 1790 + 70, cela donne 1860. Les Juifs auraient dû, par conséquent, se réinstaller en Terre sainte en 1860 (c'est, en effet, l'époque où les Juifs forment à nouveau la majorité de la population à Jérusalem). Or, la proclamation de l'Etat d'Israël a eu lieu en 1948. L'erreur est-elle, sur deux mille ans, tellement considérable ? Elle est facilement rectifiée, si l'on choisit pour point de départ une autre date aussi légitime : l'interdiction faite aux Juifs d'habiter Jérusalem, par exemple, dans les temps qui ont précédé la révolte de Bar-Cochba.

Cette incertitude est cependant bien gênante. Elle apporte de l'eau au moulin des sceptiques. La règle à adopter en l'occurrence, c'est de toujours choisir comme date initiale une constellation de faits significatifs échelonnés dans un même siècle, autrement dit, de se donner *une marge d'un siècle*. Car, j'ignore pourquoi, toutes les erreurs que j'ai pu constater dans les interprétations de prophéties *maintenant réalisées* portent sur un siècle, ce qui est peu.

Comment ne pas faire observer, d'ailleurs, à ce propos, que la détermination de la valeur ou de l'importance exacte (?) des faits historiques présente à peu près les mêmes difficultés (et les mêmes variations) pour l'histoire officielle que pour l'histoire mystique ? Ils changent de signification selon qu'on les enveloppe dans un contexte politique ou *providentiel*. La guerre de 1914-1918 semble bien avoir ouvert le *sixième Age* ; mais ce n'est certainement pas dans la mesure où elle s'est réduite — pour les Français — à un duel franco-allemand : elle a été suivie de la révolution russe, c'est-à-dire de l'apparition du *premier Etat — officiellement athée — existant dans le monde*.

La guerre de 1939-1940 serait peut-être plus importante encore, si elle n'était point, somme toute, la suite et comme le prolongement de celle de 1914. Tout le monde admettra, je pense, qu'elle occupe une situation privilégiée dans le décours symbolique *postulé par le plan « providentiel » judéo-chrétien.* Outre qu'elle a permis la libération des peuples colonisés et par conséquent la mise en mouvement de forces nouvelles, elle représente surtout, aux yeux des spirituels, la plus extraordinaire persécution contre les Juifs, qui ait jamais eu lieu, la plus abominable (six millions de martyrs !) et, que l'on veuille ou non, *la moins prévisible*, à l'époque où elle a eu lieu, par les seules ressources de l'esprit humain. Et elle a immédiatement précédé la réalisation de la plus surprenante des prophéties, celle qui concerne la restauration d'Israël.

6

Ce qui étonne le plus dans la morphologie du Fatidique, et partant, de la prophétie, c'est que le rapport existant entre les deux possibles contradictoires (contradictoires, en fait, ai-je dit, mais *complémentaires en signification* occulte) détermine assez exactement la situation chronologique de l'événement. L'événement se produit quand les deux possibilités *ont atteint leur développement, leur étalement maximum.* Je ne sais s'il faut voir là une simple exigence formelle de l'Imaginaire humain — on retrouve la même dans les fiction poétiques — ou une loi de l'imagination universelle.

A quel moment les Juifs rentreront-ils en Palestine ? Lorsqu'ils ne seront plus foulés par les nations, quand les nations tendront à disparaître (au profit des grands empires ou de l'empire universel ?). Les Juifs formeront une nation quand ce sera « le temps de la fin des nations ».

A quel moment se convertiront-ils au christianisme ? Quand les nations — ou l'empire mondial — seront officiellement athées ; c'est-à-dire quand elles auront renié le Christ, à leur tour.

A quel moment la fin du monde sera-t-elle proche ? Quand d'une part la foi chrétienne *aura été annoncée à toutes les nations de la terre*, et que, d'autre part, ces mêmes nations — qui l'ont reçue depuis longtemps — *la perdront*... C'est toujours une interférence de signes contradictoires qui situe l'événement.

7

Quel que soit mon scepticisme en ce domaine, je trouve assez extraordinaire, je l'avoue, qu'un pauvre sage de Judée, ou — cela revient au même du point de vue auquel je me place — un de ses disciples, même attardé, aient pu *prévoir* que leur doctrine se répandrait dans tout l'univers — *Lorsque l'Évangile aura été prêché à toutes les nations, alors arrivera la fin de l'univers* (Matt. 24, 3) — dans le temps même où la foi en l'existence de Dieu serait perdue partout — *Lorsque le Fils de l'Homme reviendra, pensez-vous qu'il trouvera la foi sur la terre ?* (Luc. 18, 1).

Ce qui était possible, et prévisible comme possible, c'est que l'enseignement du Christ ne franchît point les frontières de la Judée, ou, si l'on veut, celles de l'Empire romain ; ou bien qu'il se répandît dans toute l'Europe, mais qu'il s'y effaçât au bout de quelques siècles... ou, à la rigueur, qu'il se maintînt indéfiniment dans les régions où il aurait pénétré. Mais le hasard qui fait qu'il disparaît au moment où il a assez de force pour se répandre a de quoi déconcerter l'imagination et, *ce qui revient au même*, la plonger dans une sorte de rêverie poétique *convaincante*.

8

A quelle époque l'humanité doit-elle être anéantie (physiquement ?). Lorsqu'elle aura *atteint son plus haut degré possible de développement matériel* et qu'en même temps elle aura refusé sa destination authentique qui est de s'« *anéantir* » — *volontairement* — *en l'Etre suprême*. Tout est concilié dans un ordre mystique et « imaginaire » qui n'est ni la causalité ni la coexistence, mais l'incompréhensible « familiarité » s'établissant entre deux extrêmes qui ne s'opposent sur le plan concret que parce qu'ils représentent un antagonisme plus profond (spirituel ou éthique) qui échappe à toute évaluation autre que spirituelle et ne met en jeu que des *imaginaires-vrais*.

9

Dans la morphologie prophétique les contraires entrent, pour ainsi dire, en complémentarité mystique. Les prophéties donnent raison à tout le monde. Vous souhaitez voir l'homme futur devenir enfin le maître de son destin, capable de régner sur un monde unifié et pacifié où il n'y aura plus de guerres. Vous voulez qu'il incarne l'ordre et la justice, mais qu'il ne croie plus en Dieu, parce qu'il aura pris sa place... Soyez satisfait : cela arrivera nécessairement.

Vous vous lamentez sur la révélation que vous apportent les prophéties, que l'homme à venir oubliera absolument sa tâche spirituelle, et vous espérez de toute votre *foi* que le véritable ordre sera rétabli par l'annihilation du *Dieu-homme* (l'Antéchrist) et le retour de l'Homme-Dieu (Jésus-Christ)... Eh bien ! soyez satisfait : cela arrivera nécessairement aussi.

C'est pourquoi les derniers temps sont présentés comme « tentateurs » pour les « Bons » comme pour les « Mauvais ». Tout le monde aura raison, mais personne ne pourra comprendre la *raison* du choix qu'il aura fait. Comment le spirituel pourra-t-il refuser d'adhérer à cette société nouvelle — fût-elle matérialiste — où régneront la Justice et peut-être la Charité ? A quoi reconnaîtra-t-il qu'il a affaire à l'ordre du Mal — ou du hasard — et non pas à l'ordre divin ?

Et le matérialiste, s'il assiste, à la fin des temps à l'avènement glorieux de Jésus-Christ, quel rapport pourra-t-il établir entre la condamnation par un Dieu auquel il ne croit pas, de l'ordre rationnel auquel il aura toujours cru, et l'apparition d'un « fantôme » qui ne lui semblera ni plus ni moins existant que les autres phénomènes de ce monde, ni plus ni moins extraordinaire que les prodiges que réalisera vraisemblablement la science de son temps. Ce matérialiste, ce rationaliste aura *pleinement raison* de ne s'en point laisser imposer par des miracles ou des prestiges. Ceux que les miracles ne convainquent pas sont-ils donc prédestinés à la damnation ?

10

En vérité la prophétie ne convainc que par l'agencement même de ses parties, par sa *forme*. Si je voyais, par l'exemple, l'histoire du peuple juif s'inverser, se compléter (?) par sa conversion à la divinité de Jésus-Christ, je ne serais pas éloigné de croire moi-même au Christ Dieu, parce que cette dernière machination du hasard m'inclinerait à penser que, décidément, « les dés sont pipés ». Elle m'illuminerait malgré moi en me faisant « imaginer » que ce hasard, qui ne s'insère que dans des structures fatidiques aux oppositions, aux contrastes *tellement significatifs*, n'est point le Hasard, ou bien : qu'il est le *Hasard infini*, lequel est à peu près la même chose que l'Etre suprême. Goethe dit quelque part : « L'apparition d'un homme de valeur dans un milieu quelconque y fait époque et son départ *crée un vide où se glisse bien souvent un hasard malheureux* ». Je pense qu'il y a également, et comme en contrepartie, des vides créés dans le monde par des rythmes événementiels, où l'imaginaire universel contraint l'Absurde à prendre une forme *essentiellement croyable* et certains hommes, à concentrer, au cœur d'un rayonnement de circonstances heureuses, toutes les présences de l'Anti-hasard.

11

On constate, de toute façon, dans l'univers des interventions *insolites* de l'Anti-hasard. Il y a des événements dont la ligne mélodique ne saurait s'expliquer par les roueries de la politique, les actes, toujours un peu courts, des tyrans, les massacres et leurs conséquences imprévisibles. Peu importe que l'on démonte, *après coup*, les mécanismes faciles du « comment » : on s'arrange toujours pour qu'ils cadrent tant bien que mal avec les faits. La seule pierre de touche du Possible, c'est la prédiction ; et l'Histoire n'a jamais rien prédit. *C'est la prophétie qui donne forme au Croyable.*

12

Il est certain que le destin de l'humanité, si on l'envisage dans son décours total, c'est-à-dire en le complétant par l'une ou l'autre des eschatologies possibles, offre une structure comparable à celle que l'on constate facilement — pourvu qu'on daigne s'intéresser à l'homme singulier — en soi-même et chez les autres : une direction d'ensemble, un rythme ascendant ou descendant, un système de compensations, un certain nombre d'éléments significatifs et symboliques qui jalonnent le temps, le temps réel et le temps imaginaire, et préfigurent le dénouement. Les cassures, les changements d'orientation ne se produisent jamais au hasard, mais à des points de l'évolution où les deux séries possibles sont ou franchement en opposition ou simplement antagonistes sur le plan de l'Esprit, ou divergentes dans tout le concret comme dans l'imaginaire ; et toujours au moment où, en raison de ce double contraste — qui, je le répète, n'annule pas leurs contenus réciproques — elles contraignent l'imagination à épouser leur forme.

13

Je sais bien que cette impression d'anti-hasard n'est point nécessairement le signe de la vérité *objective*. Mais en ce domaine, il n'y a pas de vérité objective : les prophéties ne sont pas des preuves, elles ne peuvent ni ne doivent l'être. La réalisation d'un fait prédit ne prouve rien. Pourquoi convainc-t-elle les uns et pas les autres ? C'est qu'en ce qui concerne la signification du futur, l'image est toujours première par rapport à son incarnation dans le temps ; cette incarnation *ne cesse jamais d'être imaginaire*.

Cela ne veut pas dire que l'Imaginaire n'obéisse pas lui-même à des *fréquences,* ou, si l'on veut, à la probabilité, et même à des lois. Mais on ne peut rien comprendre aux prophéties, qui prétendent *devancer* l'évolution secrète du monde, si l'on ne se réfère pas aux lois qui régissent l'imaginaire en général et l'imaginaire poétique, en particulier : *Poésie toujours future, prophétie toujours future, structures toujours futures*, qui créent la ressemblance, établissent les jalons symboliques, et, dans une certaine mesure, font apparaître l'événement dans le seul contexte où il puisse se montrer, *qui est à la fois mythique et réel*. (La science fabrique elle aussi les « faits », mais sous un tout autre éclairage.)

*
* *

14

Il est évidemment impossible de se représenter le Futur sans le prévoir. Il est égalemement impossible de le prévoir autrement que sous les espèces *contrai-*

gnantes d'une structure invariable qui est celle du monde réel affecté du *mouvement imaginaire* que fait le futur vers le présent.

Contrairement à ce qu'on avance à la légère, il est parfaitement possible de vérifier, sinon l'exactitude absolue des prophéties, du moins la vertu qu'elles ont de susciter en nous une représentation *vraisemblable* d'un Futur par ailleurs *imprévisible*.

Il suffit pour s'en convaincre de relire les interprétations de l'*Apocalypse* déjà publiées. Pas nécessairement les plus célèbres. Ces ouvrages ont l'immense mérite de nous renseigner exactement sur ce que l'on croyait « humainement » possible — ou impossible — à l'époque où ils ont été écrits, et surtout sur les événements importants qui y étaient alors *prévus* et qui, maintenant, *ont eu lieu*.

Prenons, par exemple, les *Conjectures sur la fin prochaine du monde* parues à Toulouse-Paris, en 1828 (Toulouse, Sénac, librairie-Leclerc, Paris), sans nom d'auteur, et les *Nouvelles Conjectures pour confirmer la fin prochaine du monde* (Toulouse, Augustin Manavit, imprimeur, 1831). En 1828, personne ne considérait comme historiquement possible ni même comme probable à longue échéance la restauration d'un Etat juif en Palestine. Notre auteur la prédit comme certaine et, au contraire des savants sérieux qui l'eussent jugée impossible en 1828 et de nos historiens actuels qui maintenant, en 1970, trouvent que c'est un phénomène « trés explicable », il déclare honnêtement qu'il ne sait pas *comment* cela se fera, mais que cela se fera tout de même. « Il peut bien être, dit-il, dans les desseins de Dieu que leur aveuglement [1] même (toujours le même schéma : la

---

[1] C'est un auteur catholique qui parle : pour lui le refus des Juifs de se convertir au christianisme est de l'aveuglement.

causalité mystique opère par *retournement* ou *coïncidence des contraires !*) contribue à faire rentrer les Juifs dans la Palestine, à leur faire relever les ruines de Jérusalem en donnant à la ville l'enceinte et l'importance des grandes cités » (p. 26).

Pour quelle époque notre prophète prévoit-il le retour des Juifs en Palestine ? Pour 1860. Il se trompe, je l'ai dit plus haut, de près d'un siècle (1860-1948). Mais enfin, il ne se trompe pas sur le fond constitué ici par un événement vraiment extraordinaire. Et son erreur s'explique facilement.(Voir plus haut) par la difficulté qu'il y a toujours, en pareil cas, à choisir le véritable *point de départ* de la chronologie prophétique.

15

A-t-il prévu — d'après l'*Apocalypse* — la persécution de 1939-1945 contre les Juifs, persécution dont tout le monde reconnaîtra, je pense, qu'il était vraiment difficile en 1828 et même en 1928 (par exemple) d'affirmer la *possibilité ?* Oui. *Il la situe entre 1912 et 1957 : ce en quoi il ne se trompe pas.* Mais il n'a pas « vu » qu'elle précéderait l'établissement des Juifs en Palestine, ce qui lui eût pourtant permis d'« expliquer » par des causes précises, et selon la raison humaine, ce phénomène historique. Il est vrai qu'il doit y avoir, selon l'*Apocalyspse* une autre persécution dirigée contre les Juifs par l'Antéchrist (en 1999, affirme cet auteur).

A-t-il prédit le nombre des victimes ? Oui, c'est celui que donne l'*Apocalypse* : 146.000. Il y en a eu, paraît-il, *6 millions*. Il se trompe donc de beaucoup.

Il subit ici malgré lui l'influence des historiens et des esprits sérieux de son époque qui n'auraient jamais admis — pas plus d'ailleurs que ceux de notre siècle, quoi qu'ils racontent après coup — qu'il fût possible de voir l'une des plus brillantes nations de l'Europe, organiser un tel massacre, en plein XIXe siècle, ou en plein XXe siècle.

En vertu des lois analogiques qui régissent la Forme du Fatidique, il pense, naturellement, que le rappel des Juifs dans leur patrie sera l'œuvre de l'Antéchrist [1]. Ce surhomme favorisera « la réédification de Jérusalem et celle du Temple ; il fera donner à la ville une si vaste enceinte qu'il y établira le siège de son *empire universel*... il fera du Temple le lieu principal où il se fera adorer comme le Dieu suprême »...

Je ne mettrais pas ma main à couper qu'il ne viendra pas, effectivement, à l'idée du Dictateur qui, si j'en crois le prophète, régnera sur le monde vers l'an 2000, de se faire sinon adorer, du moins acclamer, dans le Temple rebâti. Si Hitler avait triomphé des Juifs en Europe et en Asie, il l'eût sans doute fait. C'était dans la logique des choses et dans celle du personnage.

Veut-on d'autres exemples de ce que l'on pourrait appeler la *lente descente des Possibles* de l'invraisemblance du Futur à la vraisemblance du Présent ? L'*Apocalypse* révèle que les armées de l'Antéchrist compteront 200 millions de combattants. Ce chiffre a paru si extraordinaire aux commentateurs des

---

2. Qui manquera, en définitive, son but, puisque les Juifs seront sauvés en tant que peuple de Dieu, après avoir été persécutés eux-même par l'Antéchrist.

temps passés qu'ils ont cru que c'étaient des démons. Les modernes catholiques — plus rationalistes que les rationalistes — aiment mieux soutenir que c'est là une façon de parler, et que cela signifie : « une multitude de gens ». Notre prophète de 1828 ne donne pas dans ces subtilités. « Si Jean, dit-il, n'avait voulu indiquer qu'un nombre indéfini, il se serait servi dans cette circonstance de l'expression qu'il a employée ailleurs en parlant d'une réunion autant et plus considérable des mêmes peuples (les « peuples de l'Orient ») sous les ordres de l'Antéchrist et du faux prophète, dont il dit le nombre égal à celui du sable de la mer... Jean affecte, ajoute-t-il, de répéter deux fois, au verset 16 du chapitre 9, le nombre 200 millions (« J'en ai ouï le nombre »), prévoyant sans doute l'étonnement qu'il causerait en le consignant dans son *Apocalypse*. »

Ces événements ne s'étant pas encore produits, je ne me donnerai pas le ridicule de les annoncer avec plus de précision que ne le font l'*Apocalypse* et son interprète de 1828. Ce dernier sait bien que « le territoire de la Chine renferme une population de 200 millions d'âmes » ; mais, bien qu'il croie fermement — puisque l'*Apocalypse* le dit — que la guerre de l'Antéchrist sera menée surtout par les « peuples d'Orient », il ne pense nullement au « péril jaune », dont peu de gens avaient le pressentiment à son époque. La *puissance militaire des quatre grands royaumes européens — en 1828 — le rassure* ; ou plutôt rassure sa raison... Et pourtant, il reste convaincu qu'à la fin du XXe siècle les armées d'Orient ravageront l'Europe...

En 1999, les Chinois pourront facilement mobiliser 200 millions d'hommes et de femmes. Je ne les soupçonne nullement d'être le peuple de l'Antéchrist, mais je trouverais assez vraisemblable qu'ils fussent les envahisseurs prédits. Auxquels les « royaumes d'Europe » — y compris la Russie — n'opposeront peut-être (en 1999 !) qu'une assez faible résistance.

Comment ne pas voir, de toute façon — que les perspectives ouvertes à l'imagination par l'esprit prophétique sont les seules — pour chimériques qu'on les tienne — qui permettent à l'homme de se représenter *l'avancée progressive* du Possible. Lequel paraît toujours impossible aux esprits positifs qui ne prévoient les choses que lorsqu'elles sont déjà là, ou imminentes.

Ces divers exemples montrent, du moins, et en toute clarté, quelles interprétations fournies par les commentateurs de l'*Apocalypse* deviennent de plus en plus « possibles » — sinon de plus en plus probables — *au fur et à mesure que le Futur se rapproche du Présent* — c'est-à-dire, dans l'hypothèse prophétique du dernier acte. *Il serait absurde de nier qu'en de nombreux cas, l'image « future » a même recouvert exactement l'événement devenu présent.*

16

J'aurai pu continuer l'examen de ces « vues » si curieuses en parlant de l'« artillerie » de l'Antéchrist qui fera périr d'un seul coup un tiers de l'humanité, ce que personne n'eût donné comme « vraisemblable » au temps de Néron, ni même en 1828. Mais je préfère attirer l'attention du lecteur sur un caractère beaucoup plus général des prophéties, qui, à mon avis, est encore plus inexplicable : pourquoi les voyants judéo-chrétiens situent-ils le *comble de l'abomination vers la fin des temps* (en l'an 2000 : je ne garantis naturellement pas cette date) : la recrudescence du mal, la « dépravation » féminine et juvénile, l'apostasie des prêtres, etc. Tout cela est si peu prévisible, si peu conforme à ce qu'on attendrait, que les athées localisent à la même époque l'épanouissement suprême de la nature humaine, et, comme étant le terme naturel du « progrès », cette même « dépravation » féminine qu'ils appellent — et je ne leur donne pas tort — libération. Peu importe qu'on fasse de cette libération un « bien » ou un « mal » : ce qui étonne c'est que le sexe féminin qui — sauf en de rares périodes de l'Histoire — a toujours été plus ou moins asservi à l'homme — matériellement et moralement — se libère ou se « déprave » précisément — selon l'*Apocalypse* (ou ses commentateurs) — vers 1999, en même temps que se met en place tout un contexte comprenant l'apostasie des prêtres, *l'accélération du temps*, et bien d'autres phénomènes sociaux et cosmiques qui n'ont qu'un *rapport analogique avec l'émancipation des femmes*. Comment des prophètes, issus de *sociétés plutôt immobilistes* et considérant généralement que la sagesse consistait pour les fils à faire ce qu'avaient fait leurs pères ont-ils pu prévoir que la croyance en Dieu — qui a duré depuis le point o de l'humanité, car les hommes de la préhistoire étaient naturellement immergés, semble-t-il, dans le surnaturel, jusqu'en 19... — s'éteindrait à l'issue d'un long progrès matériel, *et que cela serait le signe de la disparition prochaine du monde ?* N'y a-t-il là qu'un rapport « poétique » ?

17

Compensations fatidiques événements priviliégiés : tout est « signe ». Le Fantastique devient *vrai* dans ses moindres détails, l'Absurde s'impose à notre imagination. *Credo quia absurdum.* Oui, mais aussi parce que l'Absurde seul est *visible* à travers l'épaisseur des Futurs accumulés.

L'abbé Bigou, autre interprète de l'*Apocalypse* (*L'avenir ou le règne de Satan et du monde prochainement remplacé sur toute la terre par une domination indéfinie de Jésus-Christ et de l'Église, Paris, 1887*) aboutit aux mêmes conclusions que l'Anonyme de Toulouse. Il affirme, en 1887, que les Juifs rentreront en Palestine, qu'ils se feront chrétiens et, chose plus stupéfiante, que le pape, chassé de Rome par une révolution communiste, *sera juif, et ira s'installer à Jérusalem !*

Pour que tout cela se réalise, il faut d'abord que le nouvel État juif ne soit point submergé, qu'Israël soit invincible. C'est bien ce que pense l'abbé Bigou : « Les nouveaux maîtres de la Palestine, dit-il, réussiront parfaitement à éviter les griffes de tout conquérant, y compris même le colosse du Nord (?), en se procurant à prix d'or (?) de nombreux et puissants alliés. » Tout homme honnête souhaite qu'Israël ne soit pas submergé, même si sa victoire doit avoir lieu en un temps où, selon la prophétie, l'Humanité sera sur le point de disparaître. Les Juifs ne sont nullement responsables de la catastrophe finale [1].

---

1. L'antisémitisme n'est pas seulement odieux sur le plan humain : il est impie dans la mesure où il entraîne, *chez le croyant*, le refus de comprendre et d'accepter la structuration transcendante du Divin.

18

Décidément, dans le jeu du monde, les dés sont pipés ! Tous les événements majeurs qui ont marqué dans l'histoire de l'humanité, sont, par je ne sais quels hasards, en rapport plus ou moins étroit avec le peuple juif. Lactance le savait déjà qui voit la « fin du monde » commencer par une *effroyable guerre de tous contre tous*, par un conflit *absolument* mondial. Voulez-vous savoir quel sera le signe certain de la Fin ? Ce sera le commencement de la Fin *lorsque l'Égypte sera envahie et mise à feu et à sang (Lactance ne dit point par qui* [1]). « Alors l'Égypte sera punie de ses stupides superstitions et elle sera couverte d'un flot de sang. Alors le désastre se répandra dans le monde entier, ravageant tout, couchant toutes choses comme une moisson... *L'Empire reviendra à l'Asie. L'Orient dominera à nouveau et c'est l'Occident qui sera esclave...* »

Les amateurs d'explications faciles ne manqueront pas de s'écrier que l'Égypte a connu bien des invasions ; qu'elle était menacée déjà d'être séparée de l'Empire romain à l'époque où écrivait Lactance

---

1. Il va sans dire que Lactance ne songe nullement à tenir les nations qui seront aux prises en Égypte, à l'époque où paraîtra l'Antéchrist, pour les instigatrices du conflit mondial. Les événements politiques et militaires ne sont que des *signes concomitants*, au même titre que la dépravation universelle ou le raccourcissement des jours et des nuits. C'est la perversion de l'Humanité tout entière qui attire le châtiment suprême, et non point l'« aveuglement » du peuple juif, lequel, d'ailleurs, selon les interprétateurs catholiques de l'*Apocalypse*, doit se convertir au « vrai Dieu », à la fin des temps.

(IVe siècle), que par la suite elle fut conquise par l'Islam, etc. Il n'en reste pas moins que jamais l'Égypte, que je sache, n'a été cause directe ou indirecte d'un conflit mondial. Or, ce que Latance prophétise, c'est véritablement *la dernière guerre*, celle que suscite l'Antéchrist, et que bien d'autres signes accompagnent, dont aucun n'a encore paru à ce jour (attendons les événements !). Et enregistrons seulement ceci : il est aujourd'hui parfaitement possible — je ne dis pas probable — que l'Égypte soit mise à feu et à sang et qu'il s'ensuive la *véritable* guerre de tous contre tous.

Lactance se situait à un point de perspective où le Futur, certes, ne pouvait être saisi que dans le Futur, mais où le *progrès même du Futur* était prévu — en tant qu'image, comme un reflet de l'Avenir en *marche vers son incarnation dans le Présent*.

19

Les sublimes poètes de la révolte humaine, Milton, William Blake n'ont pas osé mettre directement aux prises l'homme avec Dieu. Le rebelle, pour eux, c'est Satan, l'homme ne s'étant pas encore confondu avec son archétype — c'est Satan qui combat. Seul le poète de l'*Apocalypse a « vu » l'homme s'opposer à l'homme et l'homme à l'Être divin;* le vide où l'homme a laissé Dieu au vide où Dieu a laissé l'homme.

Dés qu'il eut réussi à s'égaler, au prix d'immenses efforts, à sa véritable stature — celle que la nature lui avait promise (mais pourquoi se trouvait-il doué, dès l'origine, de ces dispositions titanesques, et qui lui reprocherait de les avoir développées ?) — le Dieu-homme devint l'Antéchrist. Il ne crut plus en Dieu, sinon pour l'affronter. En vérité, puisqu'il retenait tout l'être qu'il y a dans le Cosmos, il n'y avait de Dieu qu'en lui : il était Dieu. Mais quand il fut en possession de toutes les vertus, il lui en manqua une : il n'eut plus le pouvoir de se perdre — par amour ou par sagesse — dans l'abîme de son être, qui est l'Être suprême. Et aussitôt qu'il fut abandonné de l'Être, il fut séparé également de l'Imaginaire universel ; il ne fut plus en état de comprendre la *musique silencieuse du Fatidique*, ni la poésie toujours future, ni la foi qui permet l'approche du Futur éternel. Et aussitôt qu'il eut désespéré son être gigantesque en le réduisant à la Vie-pour-la-mort, il fut happé par le néant en quoi, pourtant, ce même jour, Dieu « faisait le matin ».

20

« L'existence de Dieu était devenue, cependant, le grand problème qui agitait tous les esprits. La prédication d'Hénoch et celle d'Élie avaient ébranlé quelque peu l'athéisme le plus endurci. Les terribles souffrances que quelques pécheurs avaient endurées, et qui avaient été assez violentes pour leur faire souhaiter la mort, avaient inspiré à plusieurs d'entre eux le désir d'arriver enfin à la solution de la crise qui, depuis un an ou deux, troublait le bonheur des hommes. On voulait enfin savoir s'il y a un Dieu Tout-puissant ou s'il n'y en a pas. Et pour en acquérir la certitude, on n'imaginait rien de mieux que de faire l'expérience proposée par les deux prophètes.

Qu'on se rende sur le terrain assigné en aussi grand nombre que possible : si aucun adversaire surhumain n'y apparaît pour répondre à un défi si solennel confirmé encore par toutes sortes de blasphèmes, et si la prédication de ces deux grands prophètes du christianisme se trouve démentie, l'expérience sera faite et le problème résolu : ces deux hommes n'auront été que des dupes, ou des imposteurs doués de connaissances scientifiques inconnues de nous, et leur dieu sera convaincu de n'être qu'un vain mot. Si, au contraire, il se présente quelqu'un pour combattre, il faut savoir s'il est **tout-puissant** comme le prétendent les chrétiens ou si ce n'est qu'une espèce de demi-dieu très fort contre les faibles, mais très faible contre les forts. Pour en faire l'épreuve il n'y a rien de mieux que de rassembler en masse toutes les forces de la terre et de les amener au combat qui décidera enfin du sort de l'univers : car, si l'on se trouve en face d'un adversaire tout-puissant, on en sera quitte avec le sacrifice d'une vie qui est à charge, et s'il ne possède qu'une puissance relative, ce sera lui-même qui sera écrasé ; et alors le monde pourra enfin jouir d'un éternel repos, car on ne sera plus tourmenté ni par l'existence odieuse du christianisme ni par des fléaux terribles destinés à venger le sang de ses martyrs...

L'Antéchrist, avant de l'avoir vu marcher contre lui avec tout l'éclat de sa force et de sa majesté sans bornes, ne croyait pas à l'existence d'un Dieu infiniment puissant. Au moment où son adversaire parut devant ses yeux dans un si terrible appareil, bien loin de songer encore à le combattre, il mourut instantanément de frayeur... »

21

Igitur

Que l'homme arrive à se rendre maître de tous les hasards qui le traversent et qui traversent l'univers : il n'a rien gagné s'il n'a point appris à s'accorder lui-même avec leur harmonie, en quoi s'opère le passage de la Vie à l'Être.

L'Être suprême n'est pour lui que Néant. L'homme est soufflé par ce Néant, s'il n'accueille pas en son « minuit » le hasard *infini* des conjonctions du Tout-Possible.

Montségur, 1969.

Dans la même collection

Aurobindo (Sri)
Renaissance et Karma.
Breuil (P. du)
Histoire de la religion et de la philosophie zoroastriennes.
Brosse (J.),
Cinq Méditations sur le corps plus une.
Buber (M.)
La légende du Baal-Shem.
Vivre en bonne entente avec Dieu selon le Baal-Shem-Tov.
Bulteau (M.)
Mythologie des filles des eaux.
Castermane (J.)
Les Leçons de Dürckheim, Premiers pas sur le chemin initiatique.
Choain (J.)
Introduction au Yi-King.
David Neel (A.)
Astavakra Gita / Avadhuta Gita.

Le Bouddhisme du Bouddha.
Immortalité et réincarnation.

Deshimaru (R.T.)
La Voix de la vallée, l'Enseignement d'un maître Zen

Doresse (J.)
Les Livres secrets des gnostiques d'Egypte.
L'Évangile selon Thomas, l'Évangile des évangiles.

Dürckheim (K.G.)
Pratique de l'expérience spirituelle.
La Voie de la transcendance.

Ghyka (M.)
L'Esthétique des proportions dans la nature et dans les arts.

Grad (A.D.)
Moïse l'Hébreu.
Les Clefs secrètes d'Israël.
Le Livre des principes kabbalistiques.

Grand (J.)
L'Univers inconnu du tarot (cartonné).

Graves (R.)
Les Mythes celtes, la déesse blanche.

Guilmot (M.)
Message spirituel et l'Egypte ancienne.

Ibn'Arabi
Voyage vers le Maître de la puissance, manuel soufi de méditation.

Jacq (Ch.)
La Confrérie des Sages du Nord.
Le Message des constructeurs de cathédrales.
Le Monde magique de l'Egypte ancienne.
Pouvoir et sagesse selon l'Egypte ancienne.
Le Voyage initiatique, les trente-trois degrés de la sagesse.

Le Kern (A.)
: *La Géomancie, un art divinatoire.*

Lindsay (J.)
: *Les Origines de l'alchimie dans l'Egypte gréco-romaine (cartonné).*

Lionel (F.)
: *L'Astrologie sacrée.*
: *Le Tarot magique, Bible imagée de la gnose hermétique.*

Michaël (T.)
: *Aspects du Yoga.*
: *Introduction aux voies du Yoga.*

Monod-Herzen (G.)
: *L'Alchimie et son code symbolique.*
: *Le Yoga et les yoga.*

Mortazavi (D.)
: *Soufisme et psychologie.*

Paracelse
: *Les Prophéties de Paracelse.*

Patanjali
: *Le Yoga de Patanjali.*

Persigout (J.P.)
: *Dictionnaire de mythologie celtique.*

Raoult (M.)
: *Les Druides, les Sociétés initiatiques celtiques contemporaines.*

Reju (D.)
: *La Quête des Templiers et l'Orient.*

Rougier (L.)
: *La Religion astrale des Pythagoriciens.*

Saint-Martin (L.C. de)
: *L'Homme de désir.*

Saint-Yves (P.)
: *L'Astrologie populaire.*

Schure (E.)
L'Évolution divine du Sphinx du Christ.
Shah (I.)
Sages d'Orient.
Caravanes de rêves.
Trevoux (G.)
Lettres, chiffres et dieux.
Valad (S.)
La Parole secrète, Enseignement soufi du maître Rûmi.
Wavrin (Marquis de)
Rites, magie et sorcellerie.
Zaehner (R.C.)
Mystique sacrée, Mystique profane des indiens et l'Amazonie.

Cet ouvrage a été réalisé par la
SOCIÉTÉ NOUVELLE FIRMIN-DIDOT
Mesnil-sur-l'Estrée
pour le compte des Éditions du Rocher
en mai 1991

Imprimé en France
Dépôt légal : juin 1991
CNE section commerce et industrie
Monaco : 19023 – N° d'impression : 17999